從壞習慣到好未來

讓孩子蛻變的39個心理學教養法

4大關鍵 ×6大領域 ×39種難題，
家長必修的習慣矯正方案，
用心理學打造孩子的卓越未來

李進林 著

【從內在需求出發，從小塑造良好習慣】
孩子是家長的鏡子，以身作則是最佳的教育方式！

生活習慣 × 思維模式 × 表達方式 × 學習習慣 × 社交技巧 × 課外活動

習慣是影響孩子一生的重要因素，不同年齡層有不同習慣培養重點
在孩子的成長過程中有效培養好習慣，
是每位家長都需要關注的課題

目錄

前言

第一章
生活習慣篇：好習慣成就好未來

014	第一節	熬夜：每個孩子對睡眠的需求不同
019	第二節	挑食：零食裡藏著說不出的快樂
026	第三節	髒亂：會整理的孩子效率更高
032	第四節	蛀牙：洗洗刷刷也有小智慧
037	第五節	懶惰：每一滴汗水都澆築著健康的體魄
043	第六節	拖延症：我鬥不過你，但是我可以拖垮你
049	第七節	急躁：著急的孩子只能得到一塊棉花糖

第二章
思想習慣篇：成長型思考讓孩子活得更輕鬆

056	第一節	忽視：每一朵小花都有獨一無二的花瓣
061	第二節	模仿：孩子是家長的一面鏡子
067	第三節	胡思亂想：紙飛機怎麼能去太空
071	第四節	囉唆：孩子的好奇心絕不局限於十萬個為什麼

目錄

077　第五節　胡攪蠻纏：那些讓人發笑的結論恰恰是最寶貴的

082　第六節　受挫：如何從覆盤的過程中賦能

088　第七節　退縮：重新開始沒有什麼大不了的

第三章
表達習慣篇：孩子的語言習慣裡藏著家長的養育模式

098　第一節　指責：你怎麼這麼早就起床了

103　第二節　撒謊：騙孩子一時，會害了他一世

110　第三節　隨意許諾：明天我一定帶你去玩

115　第四節　說髒話：那個孩子是傻瓜

121　第五節　語言暴力：孩子忽然說，我要「殺死」你

126　第六節　鬧情緒：不給就哭

131　第七節　眼睛會說話：你的回饋決定了孩子的語言色彩

第四章
學習習慣篇：好習慣讓你事半功倍

138　第一節　玩手機：手機不是洪水猛獸

143　第二節　早教誰來教：不輸在起跑點上的口號

148　第三節　高效課堂：心智圖為什麼這麼熱門

152　第四節　提問與討論：提問讓你理解得更深入

158	第五節	家長代勞作業：自我效能感低
163	第六節	補習班：補習真的有營養嗎
168	第七節	閱讀習慣：孩子一年讀幾本書

第五章
社交習慣篇：你是那個讓人哭笑不得的「戲精」嗎

176	第一節	抱怨：一味地抱怨只會讓人厭煩
181	第二節	裝傻：要「裝」得自然才是關鍵
186	第三節	炫富：平民階層裡養出來的「富二代」
192	第四節	膽怯：戰勝恐懼的最好辦法就是面對恐懼
197	第五節	心不在焉：一桌人有說有笑，你卻低頭玩手機
204	第六節	斤斤計較：你會做個禮物紀錄本嗎
209	第七節	以自我為中心：眾星捧月的滋味別人也喜歡

第六章
課外活動習慣篇：技多也壓身

218	第一節	跟風：報名什麼補習班聽誰的
223	第二節	證書：證書到底有多少價值
229	第三節	學習總比玩耍好：技多不壓身
236	第四節	網路課程時間：打遊戲還是睡覺

目錄

前言

　　晚自習的鈴聲響起，教室裡亂成一團，有些孩子發現自己沒有帶作業簿，需要出去拿；有些孩子發現自己下課時沒有上廁所，急著往外跑；有些孩子開始聚成一圈，說要討論功課，不討論就沒辦法溫習；還有些孩子戴起了耳機，想要封鎖身邊的各種噪音，沉浸在自己的世界裡……這是某高中晚自習的真實場景。

　　這時，老師進來了，面對亂哄哄的教室，她無奈地大聲喊：「安靜！回到自己的座位上，各自看個人的書。」一部分同學聽到老師的要求後，默默地回到了自己的座位上，另一部分同學還繼續用言語挑釁老師，要求老師同意他們在座位上與別人討論問題。也有個別同學來跟老師說，他們忘了帶晚自習要用的書本，需要去走廊的書櫃拿一下，當他們的要求被拒絕時，又氣呼呼地坐下，趴在桌子上睡覺，以示抗議。

　　哲學家培根曾說：「習慣是可以主宰人生的，是一種頑強而巨大的力量。」那麼，什麼是習慣呢？心理學上認為，習慣是指在一定情景下自發地去進行某些活動的心理傾向。有些習慣是無意識的、多次重複的結果，還有些習慣是透過自己有意識地反覆練習而形成的。而更廣義的習慣還包括社會上約定俗成

前言

的一些集體行為，或是在一定文化環境中出現的從眾行為。那麼，什麼是習慣呢？心理學上認為，習慣是指在一定情景下自發地去進行某些活動的心理傾向。有些習慣是無意識的、多次重複的結果，還有些習慣是透過自己有意識地反覆練習而形成的。而更廣義的習慣還包括社會上約定俗成的一些集體行為，或是在一定文化環境中出現的從眾行為。

對幼兒階段的孩子來說，經過父母或其他照料者的長期引導，他們會養成飯前洗手的習慣，一旦到了吃飯的時間，就會自動地去洗手。照料者的語言方式將極大地影響幼兒的表達方式，如照料者輕聲細語，幼兒也很容易學得這種語言方式；如照料者喜歡高聲喊叫，幼兒經過長期模仿也會養成這種語言習慣。因此，幼兒階段是養成生活習慣和語言習慣的關鍵期。這個階段的孩子是否能養成某種習慣，主要是依賴於其照料者的言語和行為，此時的習慣養成對孩子來說是無意識的心理過程。

到了青少年階段，孩子要面對多種功課，同時又處在身心發展不平衡的青春期，需要面臨多種考驗，經過老師的專業指導，他們在期望、壓力和夢想的驅使下會養成自我調節的習慣，並且學會控制自己的情緒，不輕易爆發強烈的情感。同時，他們還會有選擇地社交，為了平衡學業與人際關係，他們可能會將最有效的時間用於做最重要的事情，而在學習感到疲憊時與朋友在籃球場一決高低。因此，這一階段是養成情緒情

感習慣和人際關係習慣的關鍵期。這個階段習慣的養成，是青少年處理意識衝突的心理過程。

由此可見，隨著孩子認知能力的發展，他們會逐漸養成不同方面的習慣。顯然，除了認知程度，每一種習慣的養成都少不了環境的作用。在開篇的故事場景中，那些到了課堂之後才想起來自己丟三落四的同學，顯然是沒有養成良好的學習習慣；那些下課不去上廁所、上課才想起來衝去廁所的同學，肯定是沒有養成良好的生活習慣；那些一到了學習時間就想聽別人「說書」，即傾向於討論式學習的人，其實是沒有養成獨立的思考習慣；那些期望透過挑釁的方式獲得老師認同的人，可能沒有掌握良好的表達習慣；而那些因為自己沒有做好上課的準備而去遷怒老師，並以在課堂上睡覺的方式表達抗議的人，可能反映了他們在情緒、思考方式和人際關係上的多重不良習慣。這些習慣導致他們主動地去挑釁、去拖延、去負面應對情緒問題。總之，習慣的養成受很多因素的影響。

第一，認知程度的發展。毫無疑問，認知程度的發展是習慣養成的前提和基礎。我們無法透過訓練讓3歲的兒童養成每天早起晨讀的習慣，因為他們還不具有這樣的認知程度。但是我們可以透過訓練讓這個年齡的兒童養成每天早起看卡通影片的習慣，因為這是他們在目前的認知程度下能完成的任務。

第二，環境的影響。當一個人生活在沒有約束或極少有約

前言

束的家庭環境中，他可能就不會意識到自我約束的重要性。那麼，當他離開家庭、走進校園時，也就不會認為，不對自己進行約束是一件錯誤的事情，儘管他也很清楚學校的規章制度對他做了哪些約束和要求。因此，是否能從內心認同文化環境，對習慣的養成有重要的影響。

第三，自我調節的作用。我們知道，抓住發展的關鍵期，有利於實現發展的目標。但是這並不意味著，錯過關鍵期，就只能原地踏步。事實上，經驗告訴我們，隨著年齡的增長，認知程度也在逐步發展，兒童在高年級時，會更容易完成低年級的任務，即使當時他們覺得那是很艱鉅的任務。

第四，人際關係的制約。從眾心理告訴我們，很多事情是人們在人際關係的制約下，不由自主地去做的。某個高中老師告訴我，班級裡忽然之間就出現了比較名牌的不良習慣。最初，只是個別同學穿了一件名牌衣服，緊接著有一個小團體的同學都紛紛加入了穿名牌的行列，最後幾乎全班同學都開始比較誰的衣服最貴。

那麼，從家庭教育或學校教育者的角度來看，如何能幫助兒童青少年在關鍵期養成適當的習慣呢？

首先，我們要讓兒童青少年認識習慣的意義。每個習慣都有一定的社會意義。比如，養成運動的習慣，目的在獲得健康的體魄；養成閱讀的習慣，目的在豐富有趣的靈魂；養成使

用禮貌用語的習慣，目的在促進人際關係朝著令人愉悅的方向發展。

其次，要對習慣有明確的評價體系。如何評估一個兒童青少年是否養成了某種習慣？還有另一個問題，如何區分一個兒童青少年的習慣是否符合家長或老師的期待？

最後，要讓兒童青少年從情感上嚮往習慣的力量。從理智上來說，很多兒童青少年都深知習慣所蘊含的強大力量。但是，他們在情感上卻不一定真正嚮往這種力量。

前言

第一章
生活習慣篇：
好習慣成就好未來

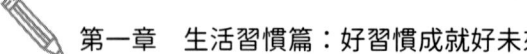 第一章　生活習慣篇：好習慣成就好未來

 熬夜：
每個孩子對睡眠的需求不同

　　睡眠是人類的基本需求，然而隨著電子產品和通訊技術的發展，我們的睡眠時間越來越少，並且入睡時間也越來越晚。從嬰幼兒時期開始，家長經常感到煩惱，不知道該如何讓孩子整夜安穩的睡個覺。而當孩子漸漸長大了，有了自主意識，知道自己想玩什麼時，家長就更頭痛了——因為孩子上床睡覺的時間越來越晚，擔心孩子睡眠不足，影響身體發育。進入青春期的孩子，似乎是能量無限的，他們關起門來，你根本不知道他們在做什麼、夜裡是幾點睡的，所以家長甚至只能透過沒收電子設備或關掉電源（關閉 Wifi）來控制孩子的睡眠時間。因此，如何培養孩子形成健康的生理時鐘，成了眾多家長心中的重要課題。

　　那麼，兒童青少年在成長的過程中會遇到哪些睡眠習慣的問題呢？這些問題的背後有哪些心理原因？下面我們從兒童青少年成長的各個年齡階段來逐一回答這些問題。

嬰兒期的睡眠習慣及心理分析

　　嬰兒期是個體在一生發展中經歷比較特殊的時期。嬰兒的大腦一直處在生長發育中，因此，嬰兒的睡眠模式受大腦發育

第一節　熬夜：每個孩子對睡眠的需求不同

的影響很大。新生兒，即從出生到 28 天以內的嬰兒，睡眠時間可能達到每天 20 個小時左右。但是，也有一些嬰兒由於受到環境的影響，出現睡眠不安穩的情況，如哭鬧、要人抱，甚至要搖晃著才能入睡。

父母或直接照料者的養育方式會影響嬰兒的睡眠時間，如祖輩在哄嬰兒入睡時逗笑嬰兒，或是擔心嬰兒在床上睡不好，而堅持要抱著睡。有些嬰兒非常警覺，本來抱著時已經睡著了，但是一放到床上，又立刻醒了，並開始哇哇大哭。家長只好再次抱起來輕輕搖晃，直到嬰兒真正入睡。這個過程可能會重複好幾遍，直到嬰兒疲憊不堪，沉沉睡去。

有些嬰兒晚上不睡，白天不醒。他們白天睡得很沉，家長甚至經常擔心會不會餓著他們了。睡得香甜的嬰兒，簡直像天使一樣美好，很多媽媽在這時充滿了幸福感和滿足感。然而，一到凌晨 1 點或 2 點，嬰兒就像體內有個鬧鐘一樣，總是會準時醒來，必須有家長起來陪著哄，否則就哭鬧不止，也很難再次入睡。等到了早晨七、八點，天使又再次降臨，嬰兒又心滿意足地睡了。

幼兒期的睡眠習慣及心理分析

幼兒剛剛進入幼兒園時，一般會需要一段時間調整作息。因為午飯時間比較早，基本上午飯後就開始進入午睡時間。幼兒由於剛進入新環境，一方面對周圍的一切充滿好奇；另一方

第一章 生活習慣篇：好習慣成就好未來

面又對環境缺乏安全感。因此，幼兒在幼兒園的午睡問題通常會表現為認床、入睡困難，或是因過度緊張而導致尿床。

在幼兒園裡，午睡的表現通常是學校考核評估學生是否能正常適應學校生活的一項重要指標，如果幼兒不能按時入睡，或入睡後驚醒、說夢話、尿床等，會被認為是適應不良。而午睡充足的幼兒，通常會以更好的狀態投入班級活動中，會擁有好心情、好脾氣和好身體。

進入幼兒園之後，幼兒的獨立玩耍時間、與家人的相處時間都會大大減少。因此，有些幼兒從幼兒園回到家之後，便會補償式地在戶外玩到天黑才回家，回家後又要求家長讀繪本、講故事或是自己玩玩具，不斷推遲上床睡覺的時間。第二天，沒睡好的幼兒又需要按時起床去上學，因此睡眠時間大打折扣，造成一定程度的睡眠不足。

還有一些家長在幼兒期就為幼兒開始報各種早教班、才藝班，導致幼兒還要花費很多時間在路上奔波。到家後，幼兒已經身體疲憊、情緒崩潰了，有時甚至連晚飯都還來不及吃就睡著了。有的家長會堅持讓幼兒吃完晚飯再睡，不論幼兒是不是已經困得不行了。而吃完飯的幼兒已經過了睏意期，又繼續玩耍，最終導致晚睡。不論是餓著肚子睡覺，還是吃飽了肚子玩到很晚才睡覺，都不利於幼兒健康成長的。哪怕只是每天晚睡了半小時，長期累積下來對睡眠的剝奪，必然還是會影響幼兒的認知發展，尤其是會對記憶力造成損害。

第一節　熬夜：每個孩子對睡眠的需求不同

青少年時期的睡眠習慣及心理分析

　　心理學家做過很多關於青少年睡眠的實驗，透過比較研究得出了相似的結論，即智力高的青少年每晚的睡眠時間比同齡人的平均睡眠時間長 30～40 分鐘，而且睡眠時間長的青少年在學習上取得的成績明顯高於睡眠不足的同齡人。這似乎是在告訴我們，成績差的孩子應該多睡覺，以提高智力程度。然而，在現實中，情況卻正好相反。成績好的孩子早早完成作業，可以按時睡覺，而成績不好的孩子，完成作業所需的時間更長，通常會更晚睡。更糟糕的是，為了改變這一現象，家長可能還會給孩子報補習班，導致孩子不得不花更多的時間去應付作業，因此睡得更少。

　　如果說，晚睡給嬰幼兒帶來的傷害可能小於對家長帶來的傷害，因為他們雖然睡得晚，但可能在其他時間還能有所彌補。那麼，晚睡對學齡期青少年的傷害是最大的。由於青少年的學習任務加重，各項大大小小的活動擠滿了日程表，因此，他們晚上缺少的睡眠也很難有機會在白天彌補回來。

　　隨著經濟條件的提高，很多家長給孩子配備了智慧手機。在學習了一天之後，夜晚的被窩裡，總是閃爍著微弱的光芒──悄悄玩手機似乎成了很多中學生，甚至是小學生養成的壞習慣。他們可能沉迷於遊戲、電影，也可能只是單純地刷臉書、IG，去給他人按讚或留言，哪怕手機早已玩得發燙，也捨不得

017

第一章　生活習慣篇：好習慣成就好未來

放下。只有耗盡最後一格電力，才戀戀不捨地抱著手機疲憊地睡去。

在夜晚，當他們的身體已經進入睡眠狀態時，玩手機的大腦還興奮著。到了白天，身體已經在活動了，而大腦卻陷入了昏睡中。濫用電子產品帶來的睡眠紊亂，給青少年造成的傷害不容小覷。輕則會導致上課時注意力不集中，對課堂上老師講的內容記不住；重則對腦神經造成不可逆轉的傷害。

有些孩子喜歡戴著耳機聽音樂睡覺，還有一些家長信奉「磨耳朵」練英語，在孩子睡覺時，也開著英語廣播作為背景音樂。這些習慣其實都會影響孩子的睡眠品質。戴耳機的孩子由於耳朵被堵住了，在睡著時，還會存在其他危險。

想要養成好的睡眠習慣，我們該怎麼做

第一，我們要了解到人體內在生理時鐘受到遺傳的影響，因此生理時鐘存在個體間的差異。這意味著每個人對睡眠的需求是不一樣的，他們養成的睡眠模式自然也會不同。有些孩子每天睡8個小時，就感覺精力充沛；而有些孩子則在睡了9個小時之後，仍然覺得睏乏未解、昏頭昏腦。同時，我們還應意識到缺乏睡眠和過度睡眠對人體都是有害的，因此必須掌握睡眠平衡。

第二，我們要意識到睡眠的規律，即人的睡眠分為深層睡眠

第二節 挑食：零食裡藏著說不出的快樂

和快速動眼期睡眠兩個階段。在深層睡眠階段，人處在深度睡眠中，有利於體力的恢復；而在快速動眼期睡眠階段，人的大腦活動類似於人在清醒時的活動強度。因此，如果人在快速動眼期睡眠階段被喚醒，會導致頭昏腦脹、精神不濟、情緒暴躁。想要睡得安穩，促進精力恢復，就可以按照要起床的時間來安排入睡的時間，確保孩子不在快速動眼期睡眠階段被提前叫醒。

第三，我們要執行嚴格的睡眠紀律，來幫助兒童青少年養成良好的睡眠習慣。說簡單一點，就是要確保孩子在該睡的時候睡，該醒的時候醒。小輝的媽媽要求小輝睡覺前必須背誦一篇英語課文，而小輝為了逃避背誦英語課文，則會故意在寫作業時拖拖拉拉，拖延時間。為了執行到點必須睡覺的紀律，小輝的媽媽將背誦英語課文的任務調整到每天早起之後，這樣小輝寫作業的速度明顯提上來了，睡得早，記憶力也明顯提高了，背起課文來也不覺得像以前那麼痛苦了。

第二節 挑食：
零食裡藏著說不出的快樂

吃是兒童成長中很重要的一部分，吃得好是長得好、學得好的前提。然而，在兒童成長過程中，總是會有很多壞習慣讓人頭痛，如挑食、追著餵飯、吃飯磨蹭、暴飲暴食、偏愛甜食

第一章　生活習慣篇：好習慣成就好未來

和高熱量食物、節食等。那麼，這些吃飯的壞習慣是如何形成的？背後又存在什麼樣的心理原因呢？其實，養育者的餵養習慣、孩子自身的性格特點都是壞習慣的源頭。

怎麼吃才能讓家長和孩子都滿意呢？下面，我們來看看兒童青少年在各個年齡階段吃飯時存在的典型問題，再逐個突破難題，科學地幫助孩子養成健康的飲食習慣。

嬰兒期的飲食習慣及心理分析

從嬰兒開始攝取副食品起，家長就很頭痛——不知道該給嬰兒吃什麼，怎樣吃才能長出好身體。有些年輕的家長迷信國外網站的宣傳，不遠萬里從國外購買諸如泡芙、手指餅乾之類的零食或副食品。嬰兒在剛開始接觸零食時，總是特別敏感的。逐漸地，他們會發現有的零食能給自己帶來快樂，而有些零食則會讓自己厭惡。他們會在看到自己喜歡的零食時表現出歡呼雀躍的情緒。

有些嬰兒在面對新食物時，會因為一次的「受挫」，而不肯再嘗試。以至於當嬰兒再次見到這類食物時，會表現出排斥心理，家長再怎麼「誘騙」，他們都堅決把嘴巴閉得緊緊的。

對自己喜歡的食物，嬰兒會一直吃、一直吃，直到實在吃不動為止。這時，很多家長，尤其是爺爺奶奶，還會感到很高興，因為在他們看來，吃得多才長得高，吃得多才有營養。其

第二節 挑食：零食裡藏著說不出的快樂

實不然，在嬰兒早期，嬰兒並不知道自己有沒有吃飽，看到喜歡吃的東西，會產生自然的進食衝動。家長如果不對嬰兒的食量進行必要的控制，可能會使嬰兒攝取太多，反而對身體造成負擔，最終影響嬰兒的身體發育。

嬰兒還處在認知發展的初期，沒有能力平衡飢餓與進食之間的關係，所以基本上處於一個被動接受飲食的階段。因此，父母或直接照料者要幫助嬰兒建立進食衝動與飢餓感之間的平衡。一個接受母乳餵養的嬰兒，如果條件允許，他會一直享受母乳到1歲、2歲，甚至3歲。大多數情況下，家長會在嬰兒6個月大時，主動給嬰兒增加副食品。最初從原味米粉開始，等嬰兒逐漸適應了新食物後，再新增果汁、蔬菜，然後加入魚、蛋和肉。這個階段我們可以幫助嬰兒嘗試新食物，並讓他學會正確表達飽足感與飢餓感。

幼兒期的飲食習慣及心理分析

3歲的小欣在進入幼兒園前，吃飯很費力，總是吃幾口就離開了板凳。無奈之下，奶奶只好追著餵。她一邊玩玩具，一邊張口吃著奶奶遞來的飯菜。奶奶明知追著餵飯是個壞習慣，但是心裡想著，追著餵，總比讓孩子餓肚子強啊，反正孩子早晚能學會自己吃飯的。

其實追著餵飯有很多危害，家長只有正確了解這些危害，

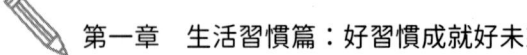
第一章　生活習慣篇：好習慣成就好未來

才能有意識地改變習慣。首先，追著餵飯會破壞孩子對飽餓的判斷，因為他們被迫接受食物，沒有時間判斷自己是否吃飽了。因此，家長要讓孩子感受到適當的飢餓，這樣他們才會調節進食衝動與飢餓感之間的平衡。其次，追著餵飯會導致孩子不分時間、地點吃飯，進而養成不健康的飲食習慣。最後，孩子會養成事事依靠他人的習慣，缺少責任感，比如，玩具不自己收，書包不自己背，因為他們知道只要自己不做，就自然有人幫著做。

如果你問一個愛吃零食的孩子：「你為什麼喜歡吃零食呀？」她可能會天真地回答：「因為零食裡藏著快樂呀。我吃零食就感覺很快樂！」你看見了嗎？孩子將自己與零食之間建立了情感連繫：零食等於快樂。而吃飯又等於什麼呢？吃飯可能意味著受挫，因為孩子還沒有熟練地使用筷子、湯匙，吃一頓飯可能會多次挨家長的責罵和嘮叨。對幼兒來說，所有的食物都可能成為他們的玩具，他們會用手捏一捏麵條，用嘴巴舔一舔蛋殼。這個時候，如果他們被家長喝止，就可能會對吃飯這件事產生負面的心理印象。

在幼兒期，家長要幫助孩子建立自己與食物之間的連繫，比如，讓孩子坐在自己的餐桌旁，使用自己的餐具，即使用手抓著吃也沒有關係。隨著孩子的長大，逐漸使用適合他們的餐具就餐，孩子能自信地使用餐具，能享受食物帶來的快樂，便會養成健康良好的飲食習慣。

第二節　挑食：零食裡藏著說不出的快樂

青少年時期的飲食習慣及心理分析

10歲的小原每天晚上在家吃飯總是提不起精神，隨便敷衍幾口就放下了碗筷。媽媽透過觀察發現，小原每天放學後，在學校門口的攤販買烤香腸和奶茶吃，難怪他一到晚飯時間，就已經沒有食慾了。似乎只有高熱量、高碳水化合物和甜食才能引起小原的興趣，而長期吃這些高糖、高熱量食物的壞習慣，已經讓他的牙齒開始損壞，脾氣也變得越來越暴躁。

糖分能給人帶來愉悅感；除了糖分，還有心理上的連結能給孩子帶來安全感。因此，要幫助孩子戒糖，第一步就是要給孩子足夠的安全感，我們要接納孩子的全部，從他的健康出發，給他設定規則，增加約束，並獎勵他的進步。

16歲的小美自從進入高中之後，就開始了節食計劃。她說身邊的同學都在減肥，所以她也必須少吃，甚至不吃。她已經一個月沒有吃晚飯了，瘦了10公斤。她對吃飯漸漸產生了厭惡的心理，小美的媽媽很擔心本來就很消瘦的孩子會把身體餓壞了，小美則自信地認為餓習慣就好了。小美根本沒有意識到自己已經得了神經性厭食症。

神經性厭食症是指有些人長期不願進食或只攝取少量的食物。這些人對食物的興趣並沒有完全喪失，一般只是由於變瘦的願望達到病理性的程度而引起的。神經性厭食症的部分原因與心理因素和過分節食有關。少男少女在校園裡，面對周圍

023

第一章　生活習慣篇：好習慣成就好未來

人對體胖者的負面評價，內心渴望減輕體重，渴望成為受人矚目的焦點，於是他們過分地節食，久而久之，導致生理功能紊亂，造成神經性厭食症。

家長要正確引導孩子的審美，病態的瘦不是真正的美，健康活潑才是少男少女該有的風采。合理進食、多吃蔬菜水果、適當運動也能達到瘦身健美的效果。

而小宇則是在吃的路上停不下來，暴飲暴食的他體重一路飆升，現在已經出現了明顯的肥胖症。小宇的媽媽也同樣感到焦慮，似乎小宇怎麼吃也吃不飽。

暴飲暴食的孩子體內的飲食攝取平衡已經遭到破壞。因此，家長需要培養青少年對飽足感和飢餓感的正確認知，並養成良好的就餐習慣，這樣他們才能真正享受食物帶來的愉悅與滿足。同時，青少年要透過自我調節，加強對暴飲暴食的情緒認知。有時你想吃，不是因為你餓了，而是你感到焦慮。那麼這時候，要集中精力去對付焦慮，進一步將意識從進食衝動轉移到別處。

想要養成好的飲食習慣，我們該怎麼做

第一，心理學研究指出，嬰兒開始嘗試新食物，可能需要 8～10 次的品嚐才會接受。因此，在為嬰兒提供新食物時，家長要有耐心，要允許嬰兒在感到不適時將食物吐出來。對嬰兒

第二節　挑食：零食裡藏著說不出的快樂

的支持，就是給他提供安全感，在信任家長的前提下，他才敢嘗試家長提供的新食物。

第二，嬰兒總是對自己熟悉的食物有好感。因此，將新食物與嬰兒已經熟悉的東西結合起來，會讓嬰兒更容易接受。如將雞蛋糕做成嬰兒喜歡的小鴨子形狀，嬰兒因為喜歡小鴨子，而不會從心理上排斥新食物雞蛋糕。

第三，嬰兒的飯量是逐漸增加的，但是會有一個比較穩定的量作為參考指標。照料者可以觀察記錄嬰兒的喝奶量、副食品量，根據資料總結的經驗來調整嬰兒的飲食量。當家長規範了飲食的時間點與份量之後，也會促進嬰兒對飲食的時間點與份量的認知。

第四，巧妙運用行為的加強作用。有些家長為了哄孩子吃飯，主動播放卡通影片給孩子看，經過多次實踐，孩子學得了這種不好的行為習慣。要糾正孩子的不良習慣，同樣需要透過樹立良好的榜樣，來加強對孩子的教育與影響。家長自己吃飯時，不能玩手機，要認真對待就餐時間，用心享受食物帶來的滿足。

第五，家長要克服溺愛、偏愛和護短的心理，正視孩子的問題，有針對性地糾正問題。不要在吃飯問題上妥協和退讓。如果家長過度遷就孩子，只要能吃進去飯，孩子做什麼都可以，那麼孩子自主吃飯的好習慣就將難以養成。

第一章　生活習慣篇：好習慣成就好未來

第六，灌輸規則意識。對孩子進行餐桌禮儀教育，培養他們良好的進餐習慣，吃飯時不可以隨意離開座位，家庭成員共同遵守餐桌禮儀，交流感情。禁止在吃飯時把玩具給孩子，讓孩子感受用餐時光的快樂。

第七，培養孩子的主動性。在孩子吃飽後，就不要再提供其他東西給他吃了，因為孩子的食慾和飯量也是有差別的。運動消耗少、用餐時間不固定、生長發育的需要等原因都可能會導致孩子有時看起來不太有胃口。家長要讓孩子根據自己的感受去調節，不要糾結別人家孩子是不是胃口更好，要尊重差異性，幫助孩子建立適合自己的飲食習慣。好的飲食習慣，可以決定孩子一生的健康程度。

第三節　髒亂：會整理的孩子效率更高

美國發展心理學家理查・瑞德曾說：「今天的家長都想讓孩子把時間花在能為他們帶來成功的事情上，然而，具有諷刺意味的是，我們卻正在拋棄一件已經被證明能夠預言人生成功的事──那就是讓孩子從小開始做家務。」

整理房間是基本的家務，很多家長都在頭痛，不知道該在

第三節　髒亂：會整理的孩子效率更高

孩子幾歲時要求他們整理房間。有的家長則透過獎勵的方式，鼓勵孩子參與家務事項，如疊一次被子給孩子 2 元錢，倒一次垃圾給孩子 5 元錢。但是又有專家提出，這種物質獎勵會降低孩子的家庭責任感，哪天家長不給錢，孩子就不願意勞動了。

那麼，想要孩子的房間擺脫亂糟糟的狀態，培養整理房間的好習慣，要從哪幾個心理方面著手呢？其實，各個年齡階段孩子的整理意識及習慣都有自己的心理特點。

嬰兒期的整理習慣及心理分析

丹丹今年一歲半了，她的房間裡擺滿了粉紅豬小妹等各種毛絨玩具，還有積木玩具、汽車玩具也都堆在毛絨玩具下面。本來並不算小的臥室，看起來簡直像垃圾堆一樣。奶奶每次剛給她收拾好，將玩具分類放在收納盒裡，一轉眼她又把盒子裡的玩具翻出來了。不穿的衣服也扔得到處都是，從床上拖到地上。

嬰兒期嬰兒的動作發展程度還處在較低的階段，因此還不具備自己整理房間的能力，但是他們具有非常強的模仿能力。家長可以制定一個清晰的整理方案，將房間的物品進行分類整理，並多次示範給嬰兒看，鼓勵嬰兒參與其中的一小部分。透過模仿學習，一兩歲的嬰兒也能參與整理房間的家務，這有助於發展他們四肢的大動作和精細動作，並逐漸形成整體的思考觀念。然而，因為嬰兒的前額葉皮質尚未發展完全，這一區域

第一章　生活習慣篇：好習慣成就好未來

負責管理所謂「執行功能」的指令，如注意力、決策能力和自我控制能力。這就需要家長逐漸鼓勵嬰兒參與合作。而當嬰兒參與合作時，他們的大腦也因此得到激發。

幼兒期的整理習慣及心理分析

　　4歲的小圓每天都喜歡把自己所有的玩具從臥室搬到客廳來玩，玩過之後，從來不會將玩具收回臥室，大量的玩具就堆在客廳的茶几上、沙發上和地板的各個角落裡。媽媽去陽臺晾衣服時，一不小心踩到一輛金屬的小汽車，痛了很長時間，而小圓也曾因為沙發縫隙裡卡著的積木而弄痛自己。

　　隨著家庭經濟條件的提高，玩具不再是重要日子的專利，爺爺奶奶、爸爸媽媽以及親朋好友，都非常慷慨地給孩子買玩具、書籍。而孩子在玩耍時，注意力不集中，總是摸摸這個，又看看那個，不會真正享受和探索玩具的奧祕，也很少發揮益智的作用。

　　儘管孩子自己不知道收拾玩具，但是當大人來幫忙收拾時，孩子還會哭鬧，會說：「這是我的玩具，你不許碰，不許收！」似乎，讓玩具布滿家裡的所有角落就是他們的夢想。3～6歲是兒童自主意識發展的一個高峰期，他們以自我為中心，認為玩具就應該圍繞他們旋轉，如果不及時引導，他們的屋子只會越來越亂。

第三節　髒亂：會整理的孩子效率更高

一項為期 25 年的研究發現，年輕人是否在三、四歲時參與家務勞動是預測他們能否在 20 多歲成功的最佳方式之一。這種早期的責任分擔逐漸發展成了他們對於生活其他方面的責任感。在家裡幫忙越多的孩子會感受到對父母更大的責任感，這種責任感幫助他們挨過生活中「壓力山大」的時刻。換句話說，當孩子發現他們能為家庭做出有意義的貢獻時，他們會感受到一種發自內心的深層次的幸福快樂。即使孩子的幫忙微不足道，也能讓父母感到開心。

青少年時期的整理習慣及心理分析

「一屋不掃，何以掃天下」的口號，早已被「你好好學習就行，其他的事情我來做」所代替。繁忙的學習任務似乎給了青少年一個絕佳的藉口，儘管這時，家長是很樂意幫助孩子整理房間的 —— 只要他們一心一意學習就行了。但是，在學校裡，班級內務的水準、宿舍的內務水準也是評價學生綜合素養的一部分。因此，家中有保母式服務的青少年，在面對需要自己獨立整理的房間時，總是會一臉茫然，不知道該從何處下手，於是他們就開始採取各種塞和藏的手段。

敏浩是一名高中生，他似乎對整潔的房間感到煩躁，他習慣亂糟糟的房間，越亂越心安。所以，如果家長代勞，幫助他收拾好了房間，他一進門就會感到不舒適。為了緩解這種不

第一章　生活習慣篇：好習慣成就好未來

舒適，他會把書架上的書隨手抽出來，把書桌上的擺件弄歪一點，這樣他才感覺這是自己的屋子。因為他在潛意識裡，希望能看到，即使把自己搞得很亂，也有一個人能接納自己。這種挑釁的想法與自己的矛盾心態、內心衝突的狀態融為一體。

在學校裡，老師來檢查時，敏浩為了應付檢查，只好把桌面上的髒衣服捲成一團，塞進儲物櫃裡。將桌上的隨身聽、電池和卡片之類的東西也都一股腦地藏進被窩裡，再將被子壓平。有時，老師查房後，他也不記得將儲物櫃裡的髒衣服拿出來，直到某天發現衣服早已發霉。

毫無疑問，養成良好的整理和收納習慣，讓自己生活在舒適的環境裡，是提高生活品質的必要條件。

想要養成好的整理習慣，我們該怎麼做

第一，巧用情景。將物品收納盒貼上鮮明的標籤，將物品與收納盒之間建立連繫，如佩佩豬的家，玩過之後要送佩佩豬回家找媽媽。這種假裝遊戲符合幼兒的認知特點，會受到他們的歡迎，在遊戲中養成好習慣。情景設計其實就是為了調動起幼兒的想像力和遊戲的參與感，然後完成一些你想讓他們完成的事情。

第二，早立規則。將物品整理規則清楚地寫出來，貼在家裡顯眼的地方。幼兒的自律程度較低，需要使用他律來規範他們的習慣。

第三節　髒亂：會整理的孩子效率更高

第三，循序漸進。要根據孩子動作發展程度的實際情況，給孩子布置清晰簡單的任務，如用引導的語氣說：「你能把這臺小汽車開進車庫嗎？你會停車吧！」而不是籠統地要求：「你快把所有玩具汽車都收拾好！」不符合孩子能力程度的任務會挫傷孩子的積極性，讓收拾房間變成一種不愉快的體驗。適量的任務，有助於孩子樂觀地接受，進而養成愛整理的好習慣。

第四，正面支持。不要在孩子收拾後，自己又重新收拾，這意味著對孩子整理能力的否定！在孩子整理房間之後，可以給孩子和整理後的房間拍個合影，以此肯定孩子正在培養的好習慣。

第五，改變思考方式是建立新習慣的開始。習慣成自然，敏浩在家裡隨手亂扔東西，也不具備整理房間的能力，因此，他在面對檢查時只能消極應對，而不是主動解決問題。要將被動應付變成主動解決問題，則需要敏浩改變思考方式，將整理房間的任務當作自己的事情，而不是外在強加的任務。

第六，給孩子任務時，先說清楚原因。家長因為工作忙碌，家務繁忙，很容易隨口對孩子吼出：「你必須馬上給我收拾好！」卻很少有耐心跟孩子解釋原因。如果將「不許、不可以、不能做」改為「如果做了這件事，我們就能……」的積極句式，讓孩子對美好的結果有所嚮往，便不會讓孩子執拗於「你憑什麼讓我幹這個」的叛逆心理中。

第一章　生活習慣篇：好習慣成就好未來

第七，適時地展現同理心。孩子渴望得到父母的理解和肯定，他們對做家事可能有新的認知和想法，我們首先應該要傾聽和理解，並在此基礎上尊重孩子的見解。善於表明對孩子的支持和欣賞的家長，往往會得到孩子積極的回饋。

第四節
蛀牙：洗洗刷刷也有小智慧

隨著社會的發展，我們越來越關注口腔健康與口腔美觀。出生後6個月的嬰兒，第一顆乳牙萌出之後就可能發生蛀牙。蛀牙是由於口腔內滯留在牙齒表面的食物殘渣，特別是醣類物質會被乳酸桿菌、鏈球菌等發酵分解形成酸性物質，使琺瑯質、象牙質等受到腐蝕破壞甚至缺損，逐漸發展成為齲洞。蛀牙是常見的一種牙科疾病，哪些壞習慣容易導致蛀牙呢？

簡單來說，飲食習慣和口腔清潔習慣是影響口腔健康的兩大重要因素。我們都知道多吃甜食會導致「蟲牙」，刷牙漱口的方法不正確，也會影響口腔的衛生。下面，我們從兒童青少年成長的各個年齡階段來具體分析哪些習慣導致了蛀牙的發生，以及怎麼做才能擁有一口健康好牙。

第四節　蛀牙：洗洗刷刷也有小智慧

嬰兒期導致蛀牙的習慣及心理分析

妞妞已經一歲了，從出生到現在，她每天晚上都是含著媽媽的乳頭睡覺的。夜裡餓了就吸幾口，有時她可能僅僅是因為天氣燥熱，身體不舒服，就會突然咬上一口，原本睡著的媽媽也被痛得驚醒過來。其實，媽媽也想過不讓她含著乳頭睡，可是如果不給她含著乳頭睡，她就會哭鬧。為了哄她睡覺，一家人都會鬧得筋疲力盡。「實在折騰不起啊，還不如犧牲我一個，給她含著乳頭吧。」妞妞的媽媽無奈地說。可是妞妞前門牙明顯已經變黑和鈣化了，現在媽媽更頭痛了，她沒有想到這麼小的孩子也會有蛀牙。

其實，出生後6個月的孩子，第一顆乳牙萌出之後就可能發生蛀牙，臨床上常見的是奶瓶蛀牙。經常含著奶瓶就睡覺，或者把奶嘴當成睡覺安撫工具的孩子，前門牙部位就容易出現蛀牙。看似家長的妥協養成了孩子夜裡含乳頭的壞習慣，其實，真正的根源在於孩子缺乏安全感，跟母親身體的連結能讓他們產生安全感。除了含乳頭，還有很多其他方式也可以增強孩子的安全感，如適當地安撫、輕拍孩子的背部、親吻額頭等，與孩子的親密接觸都會緩解他們因缺乏安全感而引發的焦慮。

有些家長為了讓孩子更容易進食，將水果榨果汁，以為這樣孩子就喝得多、營養多。這種觀念顯然是錯誤的。其實，醫生早已說過，果汁不能代替鮮果，反而會導致糖分攝取過高，

第一章　生活習慣篇：好習慣成就好未來

進而引起蛀牙。將果汁代替水果的壞習慣其實反映了家長想為孩子去繁就簡的心理，也就是說，家長從內心是希望為孩子的飲食降低難度。把水果削皮、榨汁，孩子就不需要花力氣去咀嚼了。這種心理如果不及時調整，以後還會從各方面進一步影響孩子的自然發展。

幼兒期導致蛀牙的習慣及心理分析

奶奶每天都給小風刷牙，但是他的刷牙僅僅是種形式。有時候奶奶只是拿牙刷在小風的嘴裡比劃兩下，漱口水就結束了。小風從兩歲開始就有蛀牙了。奶奶很無辜地說：「哎呀，我們每天都刷牙了呀，怎麼還蛀牙了呢？」刷牙，其實也有很多講究，從牙膏牙刷的挑選到刷牙的動作，都要認真對待，正確刷牙，才能有一口健康好牙。

很多家長不重視幼兒的口腔清潔，認為乳牙最終會脫落，以後還會長出新的牙齒來。於是，他們就在刷牙時比比樣式，敷衍了事，等到幼兒蛀牙出現，才悔之晚矣。其實，幫助幼兒養成正確的刷牙習慣，也有利於培養幼兒愛惜自己身體的意識。

大人第一次將陌生的牙刷放進幼兒口中時，幼兒的內心是害怕的。他們不知道這麼一個奇怪的東西在嘴裡要做什麼。牙膏的味道也讓他們很不適應，因此他們對刷牙產生了恐懼心理。這樣的情況比較普遍，有些家長就此退縮了，用簡單的清

第四節　蛀牙：洗洗刷刷也有小智慧

水漱口代替了使用牙膏牙刷來刷牙。

其實，幼兒對一切新事物都會抱著既好奇又警惕的心理，總會本能地拒絕一切讓自己不舒服的事物。家長只能循序漸進，從幼兒喜歡的元素著手，比如，選擇幼兒喜歡的顏色和造型的牙刷、喜歡的水果味牙膏等，讓幼兒的恐懼心理逐漸得到緩解。

飯後不漱口也是一種常見的壞習慣，每餐飯後，口腔裡都留下了食物殘渣。尤其是幼兒期，幼兒的咀嚼能力尚不完善，有些食物沒有完全嚼爛或是塞在牙縫裡，都容易在口腔內滋生細菌。

示範與練習是養成好習慣的基礎。想要保護幼兒的牙齒，就要有意識地將飯後漱口作為一種習慣來培養，這種習慣跟飯前洗手一樣重要。家長只需堅持帶幼兒去漱口一段時間，以後他會喜歡上口腔裡清新的感覺，不需要家長提醒，他自己就會去漱口了。

青少年時期導致蛀牙的習慣及心理分析

有調查顯示，青少年蛀牙發生率在50%～60%，其中12歲左右的孩子蛀牙發生率最高。其實，12歲的青少年是蛀牙流行病學調查研究的一個重要群體，也是世界衛生組織衡量各國或各地區居民患有蛀牙狀況的標準，因為12歲左右，孩子乳

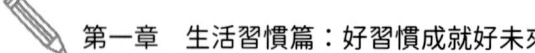
第一章　生活習慣篇：好習慣成就好未來

牙列全部替換完畢，第二大臼齒剛剛萌出，容易受侵害，正是蛀牙的高發期。家長要為孩子做好潔牙護齒的榜樣，從為孩子挑選適合的牙膏和牙刷做起，幫助孩子養成保持口腔健康的好習慣。

青少年時期學習任務較重，晚自習後很多學生會選擇吃宵夜，吃宵夜之後，不太注意口腔衛生，這也是導致蛀牙的主要原因之一。

自覺意識在潔牙護齒行動中有著重要的作用。只有當青少年真正意識到自己的不良習慣與口腔問題的關聯，如飯後不漱口、晚自習後吃宵夜、喜歡吃甜食等會導致蛀牙，才會自覺意識到應該停止不良習慣，建立良好的習慣。

另外，青少年時期本是對自身外表非常在意的年齡階段，因此從美觀的角度考慮，引導孩子注意口腔衛生，也會起到良好的效果。

想要養成好的口腔衛生習慣，我們該怎麼做

第一，教會孩子正確的口腔清潔動作。父母將漱口、刷牙的規範動作透過示範教給孩子，掌握正確的方法後，孩子會覺得這是一件自己能夠勝任的事情，因此更樂意去做。示範的過程可能會很漫長，如果遇到孩子不規範的動作，不要急於責罵，耐心地輔助孩子做出正確的姿勢，幫助孩子建立信心。

第二，給孩子的口腔衛生建立評分系統。孩子的體檢報告、看牙醫的紀錄本等都可以為口腔衛生的評估提供資料。讓孩子清楚，刷牙漱口直接關係到自己的身心健康，飯前飯後的幾分鐘決定了自己的健康狀態。

第三，幫助孩子形成追求美的意識。一口健康美觀的好牙齒能為個人的形象加分，每個孩子都有愛美的傾向，因此，我們可以將孩子露齒微笑的照片貼在家裡，激勵孩子追求健康牙齒帶來的形象美。

第五節　懶惰：
每一滴汗水都澆築著健康的體魄

運動是兒童青少年成長過程中的重要活動。運動協調功能發展良好的兒童在入園後適應得更好，上課注意力更集中，心情更愉悅。而運動協調功能發展不好的兒童，則會在入園後表現出多動症，並延續到小學，甚至中學階段。因此，加強運動，保持好身體、好心情是每個家長在育兒過程中必須重視的事情。

現實生活中，兒童青少年成長的各個年齡階段都有很多「理由」導致孩子的運動時間不足。如嬰兒期的孩子還站不穩，幼兒

第一章　生活習慣篇：好習慣成就好未來

期的孩子亂跑不安全，青少年時期的孩子又忙於學習，無暇顧及運動健身。還有一些完全相反的情況，嬰兒期的孩子過早地被訓練走路，幼兒期的孩子愛上危險運動，青少年時期的孩子將運動與學習的時間本末倒置。其實，運動給人最好的感覺是意猶未盡。下面，我們將從兒童青少年成長的各個年齡階段來看如何幫助孩子養成恰如其分的運動習慣。

嬰兒期的運動習慣及心理分析

老米自從當了爺爺，每天都以飽滿的精神帶著孫子小米在小區裡活動。為了讓孫子早點學會走路，老米先後給小米買了腰凳、學步車，想讓孫子「鍛鍊腿部力量」，這樣才能走得早、走得穩和走得快。身邊一些年輕的爸爸媽媽則認為，過早地給孩子下地走路，可能會導致孩子形成 O 型腿、X 型腿等，影響孩子身材。稍不小心，還會導致孩子骨折。可是，老米就納悶了：「兒子小時候不就這麼帶大的嗎？怎麼到了孫子這一代，就變成這麼危險的事情了呢？」

運動分為大肢體運動和小肢體運動，大肢體運動主要以力量型的活動為主，對孩子來說就是坐、站、爬、走、跑、跳；小肢體運動以手和手指活動為主，主要以精細的控制活動為主，如抓、握、捏，由五指抓握發展到三指抓握。這些運動活動的進展，會給孩子帶來很多經驗。他們開始意識到危險和

第五節　懶惰：每一滴汗水都澆築著健康的體魄

失控的程度，而當他們學會一個新技能時，他們對於這個能力的危險性都需要重新認識一下。當孩子剛學會爬時，遇到視崖時，會毫不猶豫地爬過去，但是爬了一個月後，就會知道危險而止步不前了。這就是多次爬行之後，他們的經驗增長了。選擇與孩子運動發展程度相一致的活動，有助於孩子的身心發展，而超前運動，則會給孩子招致危險。

幼兒期的運動習慣及心理分析

莉娜是一位職業媽媽，她平時忙於工作，孩子都是由爺爺奶奶接送。今天是孩子的生日，她想給孩子一個驚喜，所以早早來到幼兒園排隊。放學鈴聲剛響起，家長們都衝到了接孩子的隊伍前，爭著要第一個接孩子。莉娜的兒子小舒也早早地看到了媽媽。擁抱過後，小舒動作俐落地將書包從肩膀上放下來，塞到了媽媽的手裡，然後問：「我的滑板車呢？」莉娜一下子沒聽懂，她也沒帶滑板車來，於是耐心地跟兒子解釋說：「你陪媽媽走走路好嗎？只要十分鐘就到家了。」小舒一下子就哇哇大哭了：「可是我走不動啊，我一分鐘也不想走了！」莉娜的心情一下子跌至谷底。

「隔代教養」在孩子的成長中有著重要的支持作用，在情感上是對親子關係的重要填補。然而，「隔代教養」引起的問題也不容小覷。事事爭第一的習慣容易讓孩子養成「唯我獨尊」的心

第一章　生活習慣篇：好習慣成就好未來

理；事事代勞的習慣容易讓孩子養成「袖手旁觀」的心理，認為總有人替他服務；事事遷就的習慣則容易讓孩子養成「萬事如意」的心理期待，一旦有一天遇到不如意，就不知道該如何面對和承受，心理韌性差，遇事容易走極端，缺少靈活性。

青少年時期的運動習慣及心理分析

　　青少年總是「陽光」的代名詞，他們追求光、追求變化、追求新鮮事物。在運動方面也同樣如此，除了常規的運動，他們更希望去探索一些挑戰性更強的運動，如潛水、攀岩、高空彈跳、電子競技等。他們的運動目標不再是單純的強身健體，而是去探索世界和發現自身的極限。

　　小王中學會考後，就約了幾個要好的同學一起來到城市景區的一個人工湖進行游泳比賽。這件事情，他們已經計畫很久了。他們曾經在這裡看到很多成年人游泳，甚至有人在這裡冬泳，他們認為在這個大湖裡游泳是成熟的象徵。然而，當他們從淺灘正逐步往湖中游的過程中，有一個同學突然腿抽筋，幾個孩子立刻慌成一團。幸好當時景區巡邏的工作人員及時發現，救回了游泳的孩子們，並對他們做了安全教育。小王很懊悔，原來，即便他們下了水，也沒有像大人那樣成熟沉穩。

　　模仿心理在青少年群體中很常見，他們模仿的對象可能是自己喜歡的明星、學霸、家長或是社會某個群體。模仿大人的

第五節　懶惰：每一滴汗水都澆築著健康的體魄

運動，選擇大人的運動場地，這些習慣都是模仿心理使然。

高中生小嚴在網路上看到有些人徒步穿越大雪山，在大雪山上搭帳篷過夜，夜裡還能聽到野生動物經過帳篷附近的腳步聲。她覺得這是一件特別刺激的事情。於是在暑假裡，小嚴約了好友一起，跟家長謊稱去參加學校的活動，實際上根據網路上的路線圖，走進了大雪山。然而，崎嶇的山路遠比她想像的要難走得多，而從未負重行走的她帶著帳篷和食物，還未到達目的地就已經寸步難行，天色漸黑，幾個女孩毫無野外生存經驗。剛開始還咬牙死撐的她們，最後只好打電話給家長，家長趕緊報了警，才避免了一次危機。

追求刺激的叛逆心理是青春期少男少女的普遍心理，看起來危險的事情對他們來說就是有趣的事情。家長說不能去做的事情，他們就會認為這是對他們的挑戰，只要挑戰成功了，就能向家長證明自己了不起。他們不會因為這一次失敗而從此乖乖聽家長的話，下一次，他們還會追求刺激的運動。

電子競技是一種新型運動形式，如今很多家長還不能認可電子競技也是一項運動。但是不管你是否承認，電子競技在青少年的世界裡已經受到熱烈歡迎甚至追捧。跟游泳、圍棋等項目一樣，電子競技也需要腦力和體力的結合，並在一定的規則下運作。然而，電子競技的場地和時間不像傳統的運動那樣有很大的限制，因此，青少年不會一整天游泳不知道上岸，但是

第一章　生活習慣篇：好習慣成就好未來

卻可能沉迷於電子競技，廢寢忘食。

很多人剛開始接觸電子競技是源於從眾心理。身邊的人在玩，自己不玩好像就落伍了。於是他們就抱著試試看的心態加入了這個行列。而在後續的參與中，越發覺得吸引人，不肯離去，甚至已經成癮。為了玩電子競技遊戲，可以廢寢忘食、荒廢學業，則是獵奇心理在作祟。在失敗時，去深究遊戲規則，在遇到強大玩家時，去購買裝備，好勝心已然被激起，就像賭博一樣，他們已經無法收手。這時，家長如果採取全面禁止的方式來阻止孩子玩電子競技遊戲，如沒收電子設備、批評電子競技是不務正業等，往往收效甚微，甚至是反效果。

想要養成好的運動習慣，我們該怎麼做

第一，給孩子自主選擇權，培養孩子的責任意識。讓孩子有自由選擇運動項目的機會，如幼兒可以選擇是走路上學還是騎滑板車上學。青少年可以選擇是學游泳，還是打籃球。家長要關心孩子的運動環境是否安全，運動強度是否合適，但是不要干涉孩子選擇的運動項目。有的家長覺得打籃球能長高，踢足球會腿粗，強行要求孩子放棄足球、選籃球。這便是不可取的。

第二，給孩子幫忙他人的機會。有時候家長如果不方便自己拿的東西，可以讓孩子幫忙拿。一起出門購物時，也可以將小

一點的提袋交給孩子拿，培養孩子的利他精神。鼓勵孩子在力所能及的範圍內，給需要的人提供幫助。

第三，給孩子適當的挫折。當孩子自己在面對挫折時，孩子會發揮自身的調節功能，身心變得更有彈性。運動有時會帶來傷痛，孩子的內心也會受到挫折，如玩直排輪時把膝蓋擦破皮了，家長要關心孩子的傷勢，及時做好護理，但是不能因噎廢食，停止本來熱愛的運動。

第四，重視榜樣的作用。青少年熱衷於崇拜偶像，他們的偶像可能是影視明星、科學家，或是身邊的資優生。向榜樣學習運動精神，並持續進步，是青少年學習新習慣的重要途徑之一。

第五，防微杜漸，預防成癮。電子競技之類的運動，一旦成癮，很難自拔，因此，在孩子表現出對電子競技運動有好感時，要及時引導，做好心理防線的建設工作。

第六節 拖延症：我鬥不過你，但是我可以拖垮你

從孩子獨立活動開始，我們就會發現每個孩子做事的速度是不一樣的。有的孩子會急於把一件事情完成，而有的孩子則東張西望，不肯乖乖就範，早早地暴露出了「拖延症」這個壞習

第一章　生活習慣篇：好習慣成就好未來

慣。父母越努力地想盡各種辦法嚴格要求孩子按時完成任務，孩子就偏偏表現得越來越沒有時間觀念，大有一副「我鬥不過你，但是我可以拖垮你」的架勢！

在學校裡，老師則往往認為學生的拖延症是由於家長管教不嚴導致的。因為學校裡往往有著明確的截止日期，老師也會給予科學的指導，那麼問題一定是出在家庭裡，是父母沒有時間觀念。事實恰恰相反，每一個拖延症兒童或青少年背後，或許都有著過於嚴厲的家庭教育。下面，我們透過具體事例來分析各年齡階段的拖延症具有哪些特徵，以及這些特徵背後都有哪些心理原因。

嬰兒期的拖延症習慣及心理分析

小迪做什麼事情都很慢，總是不能按時完成媽媽為其設定的目標。為了給孩子最好的愛，小迪的媽媽辭職在家全心全意地陪伴孩子，可是小迪做什麼都比別人「慢半拍」。

嬰兒期的拖延症，更可能是生理因素造成的。嬰兒的大腦功能還沒有發育完全，尤其是與計劃、執行、控制和注意力相關的功能區，也就是大腦前額葉皮層發育不良或是不活躍時，嬰兒的注意力就會受到嚴重的影響，完成任務的準確率會下降。同時，嬰兒的運動平衡能力、手眼協調能力會表現得比成年人稍差一些，在成年人看來就是凡事都比他人「慢半拍」。

第六節　拖延症：我鬥不過你，但是我可以拖垮你

像小迪這樣的孩子，家長可以給他們更多的關注和協助，如帶他們去感受自然，教他們說話、教他們點頭搖頭、教他們丟球和接球。在語言發展和動作發展的訓練方面，要請教專業老師，要知道這種慢動作和拖延的習慣不能怪孩子，也不是家長不努力，而是生理原因。

陽陽在 9 個月時就會說一些簡單的字詞。陽陽的媽媽很高興，為了進一步幫助孩子發展語言表達能力，她給陽陽報了 3 個早教班，分別是思考訓練、英語和潛能開發班。可奇怪的是，自從報了班之後，陽陽的語言發展速度反而下降了，說話也開始變得吞吞吐吐，媽媽問他話，他也半天不肯回答。

除了拖延症，嬰兒期的孩子更容易養成「操之過急」的習慣。初為人父，為人母，總是會因為孩子表現出某種「天賦」而感到激動，為了不讓這種「天賦」浪費，他們迫不及待地給孩子報名、訓練，結果適得其反。尊重孩子發展的自然規律，做一個欣賞者，而不是推動者，才是父母的正確選擇。

幼兒期的拖延症習慣及心理分析

一次偶然的機會，小晨在表姐家看到鋼琴，他好奇地按了按黑白鍵，覺得聲音很動聽，就多摸了一會兒，媽媽立刻覺得他是學琴的好苗子—手指纖長，人又坐得住。再加上親朋好友的一陣吹捧，媽媽一咬牙給他買了一架昂貴的鋼琴，並請了一

第一章　生活習慣篇：好習慣成就好未來

位老師一對一教學。小晨剛開始學得很高興，也能依照老師的要求練琴。可是沒過幾天，他又對積木產生興趣了，他想去搭積木，可是媽媽說要練完琴才能去玩積木。小晨很生氣，可是也沒有辦法。很快，小晨找到了應付的辦法。在練琴之前，小晨將吃飯的時間盡可能地拖長，他故意慢慢吃，以此減少練琴時間。

原本是天真好奇的孩子，現在變成了任務纏身的「學生」。身分轉變了，目的不同了，孩子也自然由「感到有趣」變成「感到憤怒」了。做事喜歡拖延的孩子，往往有一對控制欲強、對孩子期望值很高的父母。他們經常在教育孩子時，急切地督促並推動孩子完成他們設定的目標，很少考慮孩子的感受。在面對強勢又急躁的父母時，孩子內心很無助，拖延時間其實是他們對父母權威的下意識反抗。

琪琪讀的私立幼兒園，經常會布置一些親子共同完成的家庭作業，如由媽媽畫一朵花，孩子來塗色，或是孩子按句型造句，媽媽錄製視訊傳至班級交流平臺。這也不失為一種促進親子感情升溫的家庭活動，所以琪琪的媽媽很重視這項作業。可是琪琪每次都會拖延時間，總是想著先玩一玩，再來完成作業。有時，玩著玩著，琪琪就睏了、睡著了，作業還沒來得及完成。

幼兒對時間還沒有形成準確的認知，更沒有掌握時間管理

第六節　拖延症：我鬥不過你，但是我可以拖垮你

能力。他們一心只想著做遊戲和玩耍，不知道作業為何物，更不理解提前完成作業與更輕鬆地玩耍之間的關聯，所以他們總是將完成作業的時間往後推。另外，幼兒對作業這個新事物是充滿焦慮的，他們擔憂自己做得不好，不能滿足老師和父母的期待，給自己招來失敗和責備。

青少年時期的拖延症習慣及心理分析

每當考試季來臨，小睿就覺得自己有寫不完的功課。他才打開物理課本，就感覺背英語單字的時間到了。他想早起背英語單字，還沒記住幾個單詞，又想起數學還有幾道題沒解完，經他這麼一折騰，原本起了一個大早的他，上學反而遲到了。挨了老師責罵的他，一上午悶悶不樂，上課時聽課效果差，課間時間也沒有利用上，中午乾脆回宿舍倒頭大睡一覺，下午醒來覺得頭昏腦脹，也沒辦法去思考數學難題。小睿晚上冷靜下來，仔細一盤點，一天下來，什麼也沒幹，真是越忙的時候自己反而越閒了。

青少年在考試前，通常會產生很大的壓力，面對巨大的壓力，他們有時會無意識地拖延時間，因為拖延能給人一種逃離壓力的錯覺，讓人獲得片刻的安全感。

小睿很容易將完不成任務的責任歸咎於老師交代的作業太多，將上學遲到的原因歸結為家長沒有開車送，反正他是極力

第一章　生活習慣篇：好習慣成就好未來

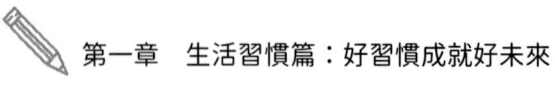

想去完成的，只是很多現實因素導致他沒有完成任務。

小睿最初是希望能將各門功課都按部就班地複習一下，裨補闕漏，認真準備考試的。可是，正因為他對自己的要求太完美，導致出現了不可能完成的任務。而不可能完成的任務又直接導致了他對自我產生了懷疑。這種自我懷疑讓他感到焦慮，而焦慮又引發了恐慌，人在恐慌時，首先想到的就是逃避。小睿在冷靜思考後，給自己重新設定了一個短期目標，並將短期目標分解為可完成的小任務，這樣他很快就能順利完成了目標，並從中獲得了自信和滿足感。

自我評價對青少年的習慣養成有重要的影響，自我評價高的青少年往往更加自律，他們的時間管理也更高效。

想要養成不拖延的好習慣，我們該怎麼做

第一，放下控制欲，把選擇權交給孩子，適時引導。放低期望，順其自然，尊重孩子的天性。不要給孩子過高的任務，對於那些根本完成不了的任務，孩子自然只能一拖再拖。

第二，家長需要調整自己的心態，尤其不能將自己的意願強加給孩子。不急不躁，用溫和的鼓勵代替嚴厲的責罵。父母用溫馨提示代替大吼大叫，孩子才不會對必須完成的任務產生反感。

第三，逐漸教會孩子辨識時間。對嬰幼兒來說，可以從基礎的鐘錶知識開始，從一天、一週、一個月到一年，逐漸加深

孩子對時間的認知。對青少年來說，要教會孩子做計畫表，在日曆上標注重要的截止日期，並用顯著的符號提前幾天就提醒自己。

第四，建立規則。進入幼兒園之後，孩子就會有家庭作業。父母要嚴格的執行規則：先寫作業，再玩耍。可以在寫完作業後給予孩子鼓勵，如擊掌慶祝、增加遊戲等項目。

第五，欣賞孩子的每一點進步。孩子完成作業後，家長要細心觀察孩子的作品，找出孩子進步的地方，給予表揚和肯定。父母可以將孩子的作業在家裡展示出來，這既能給孩子成就感，又有利於孩子發現自己的不足。

第七節　急躁：
著急的孩子只能得到一塊棉花糖

小菲在家裡養尊處優，好脾氣的外公更是將她寵上了天。只要小菲想吃的，外公就立刻出去買，哪怕是半夜想吃根熱狗，外公也會騎著電動車，滿大街去找。小菲要吃的東西是一定要馬上吃到嘴的，否則就會大鬧不止。如果在商店看到她喜歡的玩具，也一定要立刻買回家，否則她就會蹲在地上哭鬧不止。而買回家之後，小菲很快又對那個玩具失去了興趣。於

第一章　生活習慣篇：好習慣成就好未來

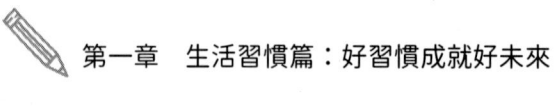

是，爸爸媽媽帶她外出時，只好刻意避開玩具店。小菲的爸爸媽媽常常感慨，為什麼孩子就不能做個櫥窗顧客呢？多看看、多欣賞不好嗎？只有多欣賞、多比較，才能找到自己真正喜歡的東西呀！可是回顧小菲的成長歷程，他們似乎也找到了原因。

父母執行的獎懲方式、家庭溝通的環境都會影響孩子的性格。下面，我們將具體分析在兒童青少年成長的各個年齡階段中，急躁的習慣是如何養成的，以及如何養成做事有條不紊的好習慣。

嬰兒期的急躁習慣及心理分析

小菲還是個嬰兒時，外公外婆來幫忙帶孩子，看到軟綿綿的小寶貝，兩位老人恨不得將天上的星星摘下來送給她。只要小菲哭兩聲，立刻抱起來搖著哄。如果哭聲沒有停止，那就是餓了，趕緊用恆溫水壺的水來沖泡奶粉給她喝，家裡的設施都做了調整，調整的原則就是一切都是為了最快滿足孩子的需求。好像讓孩子多等待一分鐘，就是照料者的失職。

第一時間滿足新生兒的需求可能是很多爸爸媽媽或其他直接照料者的追求。然而，過分追求一分鐘也不能等的速度，其實會讓孩子失去了自我調節的時間。正是透過自我調節，孩子才逐漸學會了面對挫折、適應環境，並學會了等待。孩子如果覺得餓了，可是家長不知道，她會大聲哭喊，直到有人來餵

第七節　急躁：著急的孩子只能得到一塊棉花糖

她。而她看到有人在開始沖泡奶粉時，會很快意識到有吃的，於是她會放慢哭聲，等待喝奶。這就是一個簡單的應對挫折與自我調節的過程。

幼兒期的急躁習慣及心理分析

1960 年代，美國著名的心理學教授華特・米歇爾設計了一個關於「延遲滿足」的實驗，這個著名的實驗是在史丹佛大學校園裡的一個幼兒園進行的。研究人員找來幾十名兒童，讓他們每個人單獨待在一個小房間裡，這個房間裡只有一張桌子和一把椅子，桌子上的盤子裡放著這些兒童愛吃的零食──棉花糖（也可以是餅乾、糖果等）。研究人員告訴他們：「你可以隨時吃掉棉花糖，也可以等我回來時再吃，那時你會再得到一塊棉花糖作為獎勵。」同時告訴他們還可以按響桌子上的鈴，研究人員聽到鈴聲會馬上回去。對這些孩子來說，實驗的過程非常煎熬。有的孩子為了不去看那誘惑人的棉花糖而捂住眼睛，或是轉過身背對著棉花糖，還有一些孩子開始做一些小動作──踢桌子，拉自己的辮子，有的甚至用手去打棉花糖。結果，大多數的孩子堅持不到 3 分鐘就放棄了。一些孩子甚至沒有按鈴就直接把糖吃掉了，另一些則盯著桌子上的棉花糖，半分鐘後按響了鈴。大約 1/3 的孩子成功延遲了自己對棉花糖的欲望，他們等到研究人員回來兌現了獎勵，堅持了差不多有 15 分鐘的時間。

第一章　生活習慣篇：好習慣成就好未來

　　幼兒期的延遲滿足能力是可以培養的，實驗中有的孩子堅持不到 3 分鐘，而大約 1/3 的孩子成功堅持了 15 分鐘。如果家長對幼兒進行適當的教育，讓孩子理解等待與更大的收穫之間的連繫，並訓練孩子如何度過難熬的等待時間，則能夠幫助孩子增強「延遲滿足」的能力。相反，如果家長對孩子有求必應，孩子在日常生活中不需要等待就能獲得自己想要的東西，那麼當他遇到不能立即滿足需要的情景時，就會感到崩潰。正如前面提到的小菲，她想要的東西必須立刻到手，即便到手後發現也不是真的想要。如果不能立即得到自己想要的東西，小菲會感到崩潰絕望，並透過哭鬧不止來達到自己的目的。

　　前文中提到的關於延遲滿足能力的實驗中，研究人員發現能為第二塊棉花糖堅持等待的孩子通常在人生中表現得更出色，如獲得更好的考試成績、教育成就或體能，以及更好的人際關係等。因此，幼兒期的延遲滿足能力具有一定的預測性，家長應該抓住這個黃金期，培養孩子的延遲滿足能力。

青少年時期的急躁習慣及心理分析

　　小清的家庭條件不是很好，但是小清又喜歡購買名牌球鞋。眼看著某品牌的球鞋又出新款了，小清很想要一雙新款球鞋。爸爸跟他說，再等一陣子，遇到節日會打折的，等打了折就去買。可是小清等不了，趁著家長不注意，他自己拿著本該

第七節　急躁：著急的孩子只能得到一塊棉花糖

交給補習班的報名費去買了這雙新款球鞋。

小清的購買欲望無法透過自我調節來稍加控制，一方面是因為從小養成的自我延遲滿足能力低下；另一方面是因為家長在日常生活中習慣性地催促。那麼，在現階段，是否還有辦法改變這一現狀呢？我們先思考一下，在這個年齡階段，誰最有可能幫助小清提高延遲滿足能力？

除了在購物方面沒耐心，小清在學習方面同樣比較「急於求成」。數學課剛結束，小清對數學老師講的知識重點還沒有完全理解，於是他一直在草稿紙上演算公式的推導過程。下一節課是語文課，而小清的意識還完全沉浸在數學題裡，他認為必須立刻弄明白這道題，否則就會留下後遺症。顯而易見，小清最後可能弄懂了一道數學題，卻丟了一整節語文課的內容。真的是撿了芝麻、丟了西瓜。

儘管很多人在鼓吹「迎難而上」的精神，然而這種精神不應以付出更大的成本為代價。在問題解決的過程中，暫時的停頓，往往有時更有利於減緩大腦的壓力。停下來後，換個角度再來看這個問題，也許就會有不同的思路了。

想要養成耐心的好習慣，我們該怎麼做

第一，專業的指導。家長應尋求專業的幫助，為孩子指定行為習慣矯正的心理諮商師或有經驗的老師。行為習慣是在家

第一章　生活習慣篇：好習慣成就好未來

庭環境中長期形成的，家長往往很難意識到自己的哪些做法助長了孩子的不良習慣，專業人員則可以區別造成孩子不良習慣的個人因素和家庭因素，並在此基礎上，為孩子制定新習慣養成的目標和方法。

第二，家長和孩子都應加強學習，提高對急躁心理的正確認知，學會分析孩子所處情景的利弊，將解決問題的過程分解開來，同時也將現在必須做的和可以等待的事情劃分開來。將緊急的事情放在優先位置，長期的對輕重緩急的判斷訓練，有利於孩子提高延遲滿足的能力。

第三，延遲滿足能力後的獎勵。透過延遲獎勵，強化延遲滿足的傾向。因為延遲滿足而得到兩塊棉花糖的孩子，在下一次實驗中，可能會有能力得到第三塊棉花糖。

第二章
思想習慣篇：
成長型思考讓孩子活得更輕鬆

第二章　思想習慣篇：成長型思考讓孩子活得更輕鬆

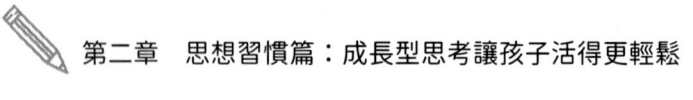

第一節　忽視：
每一朵小花都有獨一無二的花瓣

很多時候，雖然父母都是愛孩子的，但在無意中忽視了孩子的情感需求，嚴重影響他們的思考習慣。他們可能會有失落感，出現自我責備、不願溝通和不願求助等問題，父母如果稍微回顧一下孩子成長的環境，就會發現這些問題是由情感的忽視造成的。

如果有情感的忽視，從嬰兒期開始就會在孩子的思想中留下烙印。他們一方面無法放下過去的忽視帶給自己的憤恨與不滿；另一方面又拒絕在自己已經有選擇時往前一步，為自己爭取關注。於是，他們活在過去的心理陰影中不能自拔，反而將問題的原因歸結為是現在的環境令人不滿。下面，我們來具體分析在兒童青少年各個年齡階段中，情感的忽視是如何發生的，又該如何改變。

嬰兒期的情感忽視習慣及心理分析

表面看起來，家長對孩子都是眾星捧月式的撫養，傾盡所有滿足孩子的願望，並主動提供很多孩子沒有索取的禮物給孩子。為什麼說這個階段也會有情感忽視的現象呢？這個階段的情感忽視，一般是因為父母的「為你好」思想。為了孩子好，他

第一節　忽視：每一朵小花都有獨一無二的花瓣

們會努力糾正孩子的慣用左右手習慣；為了孩子好，他們會使勁餵副食品；為了孩子好，一年好幾萬元的早教班，他們也捨得花錢報名。然而，他們有沒有觀察到孩子是否願意呢？

然而情感總是雙向的。家長的「為你好」思想導致孩子的意見無從表達，孩子的情感得不到回應，會感到委屈和不滿，於是直接表現出來的就是家長覺得這個孩子難帶、脾氣大，搞不清楚孩子在想什麼。

幼兒期的情感忽視習慣及心理分析

幼兒開始有自己的思想，他們會辨識自己和他人的情緒。剛開始，他們會努力表達自己的意見，有的幼兒會說：「我不想學畫畫，我想學打球。」可是家長認為畫畫需要專業的指導，至於打球，等上學了，跟小夥伴們一起玩玩也就可以了。於是給孩子報了美術班，忽視孩子對打球的渴望。

還有一類家長，滿足了孩子的所有需求，孩子要什麼給什麼。不僅如此，在孩子放棄時，也毫不猶豫地支持，如孩子吵著要報英語補習班，可是上沒兩天就不願意去了，家長就順從孩子的意思，不去就不去了。下一次，孩子又中途退出一個活動，家長也無條件支持。儘管如此，孩子並不會感到快樂和滿足。相反的，他們總是感覺很無聊，沒有什麼好玩的事情，總想找點新鮮的事情玩一玩，等到他們找到有興趣的事情，又很

第二章　思想習慣篇：成長型思考讓孩子活得更輕鬆

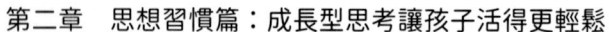

快就覺得不好玩了。他們不能持續一個愛好，做什麼事情都缺少韌性和堅持。

青少年時期的情感忽視習慣及心理分析

　　青少年時期處在身心發展不平衡的階段，但他們的同理心獲得了良好的發展。這時，即便面對父母的忽視，有些青少年也會試圖去替父母解釋，認為他們的出發點是好的，是自己不夠優秀，不能達到父母的期待。他們在生活中往往不敢表達自己的意見，不敢深入思考自己的認知。也有一些青少年則會繼續我行我素，任由父母的溺愛將自己寵上天。但是他們會隱隱約約覺得難受，因為他們的上一個願望很快被滿足了，毫無成就感，他們要去找尋一個更難被實現的願望，然而他們心裡很清楚，父母還是會毫不猶豫地滿足他們。他們覺得做什麼都沒勁，對未來充滿迷茫。而父母在此刻同樣覺得自己很累，傾其所有卻不能把孩子培養成自己想要的模樣。這兩種怨氣一相遇，就會容易爆發出驚天動地的戰爭。

　　每一朵小花都有獨一無二的花瓣，只有做到尊重孩子的與眾不同，傾聽孩子的聲音，孩子才能在健康的家庭環境下長大，才會養成自信的心態，對未來充滿希望。我們應該以此為目標，不讓孩子的情感被忽視。只有這樣，孩子才不會忽視自己的感受，勇於表達自己的意見。

第一節　忽視：每一朵小花都有獨一無二的花瓣

想要養成專注的好習慣，我們該怎麼做

第一，正確認知家庭教養模式。

追求完美型父母：把孩子當成自己的面子，希望孩子拿第一，做不到就會指責孩子，忽視了孩子需要鼓勵、需要被肯定的心理，導致孩子看不到自己的優點，總擔心自己犯錯，渴望得到家長肯定的需要得不到滿足。孩子在思考上表現出來的習慣就是對待任何事情都是敷衍和無所謂的態度。

過於溺愛型父母：毫無原則地答應孩子的要求，不給孩子施加任何壓力。這同樣也是一種忽視，因為這類父母沒有在孩子成長時給予必要的指導和約束，沒有承擔應有的教育責任，導致孩子陷入迷茫。孩子在學業、人際交往和情商上都會出現這樣或那樣的問題，表現在思考上的習慣就是天馬行空、任意妄為，但是又心有不甘、不知所措。

管理專制型父母：自己說的才是真理，孩子應該無條件地服從。一旦這類父母認定了自己的看法，就容不得孩子解釋反駁。用時下流行的話說，就是「我不要你覺得，我要我覺得」。孩子逐漸放棄表達自己的觀點，因為他們認為溝通是無效的，寧願做一個沒有主見的人。「不在沉默中滅亡，就在沉默中爆發」，正是這類孩子思考的危險狀態。

第二，面對孩子的情緒。

嬰兒階段的表達方式會很模糊，家長需要認真辨別，並耐

第二章　思想習慣篇：成長型思考讓孩子活得更輕鬆

心地引導孩子「說」出自己的需求，並且正確對待。不能一味地按照家長的喜好去決定孩子的習慣，也不能把決定權交給毫無經驗的孩子，正確的做法是透過逐步的觀察與試探，和孩子達成共識和默契，並保持靈活的彈性，隨時可以做出調整。允許孩子哭鬧，在情感發洩過後，孩子會對自己的情緒有更清晰的認知。

　　幼兒階段的孩子腦海裡有「十萬個為什麼」，也就有十萬個需要被回覆的期待。家長要及時回應孩子的提問，滿足孩子的好奇心。在向孩子提問時，要尊重孩子的答案，欣賞孩子的思路。不要一味地去糾正孩子的看法，給出所謂的標準答案。允許孩子打破砂鍋問到底，但也可以在必要時讓孩子保持安靜。允許孩子大叫宣洩，允許孩子釋放負面情緒，並及時引導孩子正確處理負面情緒，讓孩子了解到適當的負面情緒也是有益處的。

　　青少年階段的孩子心裡本身就充滿矛盾和不平衡，他們的情緒通常隱藏得更深。因此，家長需要耐心溝通，探尋孩子的內心，尊重孩子的思想，鼓勵他們表達自己的看法。青少年的觀點往往是有些偏激的，家長首先要肯定這個觀點中可取的一面，然後才去探討有失偏頗的部分。對孩子的觀點抱持開放的態度，切忌一棍子打死的做法。與孩子保持一定的界限，給予孩子思想的自由。

第三，關懷的練習與思考的保護。

如果前期的情感忽視已經造成孩子思考較為負面、不願意表達意見或不信任別人，現在要及時改變家庭環境，幫助孩子改變思考習慣。首先，要幫助孩子管理情緒，讓孩子勇於承認現在的問題是由於自己的情感被忽視所造成的。其次，回顧過去情感被忽視的事件，重新了解這些事件對自己的影響，並接納現在的自己。鼓勵孩子透過自我關懷、家庭互助和社會支持等多種管道，來調整自己的心態，保護自己的思想，發出自己的聲音。

第二節 模仿：孩子是家長的一面鏡子

孩子的身心發展離不開模仿，除了模仿家人，他們還會模仿一些公眾人物，如娛樂明星、公眾名人、特定職業的人員等。他們模仿別人為人處世的方式方法，也模仿別人解決問題的思路。因此，模仿在思考習慣養成的過程中，有著重要的作用。我們常說，父母是孩子的第一任老師，這也正是因為孩子透過模仿父母，學會了如何思考問題、如何解決問題。下面，我們來具體分析兒童青少年在各個年齡階段，如何透過模仿來

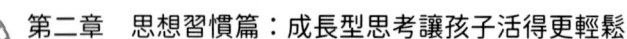

第二章　思想習慣篇：成長型思考讓孩子活得更輕鬆

發展認知程度和提高思考能力，以及模仿如何影響他們的思考習慣。

嬰兒期的模仿習慣及心理分析

很多家長認為嬰兒什麼事情都不懂，沒有思考能力，因此不需要跟他們說什麼，只要管好他們的吃、喝、拉、撒、睡就可以了。可是無形之中，父母的言行還是會在嬰兒的腦海裡留下深深的印記。他們會不自覺地模仿父母說話的方式、解決問題的態度、處理難題的思路等。

8個月大的誠誠正在牙牙學語。誠誠的父母經常在陪孩子時打電話，還時常在電話裡大發雷霆。電話打完後，他們一轉眼就換了一副臉孔來逗誠誠。天真無邪的誠誠每天看著父母陰晴不定的臉龐，心裡充滿了困惑與恐懼。有時誠誠會忽然大哭，或是大發脾氣，父母怎麼哄、怎麼逗都發揮不了作用。他們急得發脾氣，想裝出凶狠的樣子來嚇嚇誠誠，讓他停止哭泣，可是誠誠卻哭得更大聲了。誠誠的父母覺得誠誠的性格變得陰晴不定，卻想不明白原因。

欣欣的父母在和欣欣相處時，時刻堆滿笑容，他們希望給欣欣陽光的心態。因此，在欣欣遇到問題時，他們總是急著幫欣欣解決。比如，欣欣拿到一個新玩具，不知道怎麼操作，這時，欣欣的父母總是先親自操作，反覆示範，然後再手把手的

第二節　模仿：孩子是家長的一面鏡子

教欣欣怎麼玩。看起來，這是多麼有愛心又有耐心的父母啊！可是，欣欣卻越來越懶了，對示範的環節也越來越不感興趣了，她不想知道「為什麼」，她要的就是一個現成的結果。

幼兒期的模仿習慣及心理分析

幼兒期的兒童如果有不順心的事情，可能會想打人、想大聲尖叫；如果有人責罵他們，不論自己是否有錯，他們都會很生氣；他們的情緒總是很容易失控，縱情哭喊之後，眼淚一抹，又輕鬆地說「我哭好了」。這個階段的兒童，思想正處於高速發展，他們的認知程度也在快速提高。因此，父母、老師、同學以及他們認識的其他人，都會在一定程度上影響他們的思考習慣。

小伍和小圓約定晚飯後，一起去住家附近的遊樂場玩。晚飯後，小伍興奮地來到遊樂場，可是左等右等，也不見小圓。小伍很生氣，陪小伍來的奶奶也很生氣，她不停地責怪小圓：「怎麼還沒來，怎麼說話不算數呢？」聽奶奶這麼說，小伍更加沮喪了。奶奶繼續嘮叨：「這麼不誠信的小孩，以後不跟他玩了。」小伍氣呼呼地準備回家了，迎面卻看到了拿著兩個螢光竹蜻蜓的小圓，小圓高興地把竹蜻蜓塞到了小伍的手裡，並抱歉地說：「對不起！我遲到了！我看見竹蜻蜓，就求媽媽買了兩個，我們一人一個。」原來，小圓並不是不守信用。

063

第二章　思想習慣篇：成長型思考讓孩子活得更輕鬆

峰峰的外婆是退休老師，她深知鼓勵對於孩子建立自信心大有益處。於是，她總是習慣性地跟峰峰說：「你是最好的！」、「你是第一名！」久而久之，峰峰對於誇獎的言辭有了很高的辨識度，如果別人說「你表現不錯」、「相當可以」，他會很沮喪，他要強調一句「我是第一名！」儘管4歲的他，還不清楚「第一名」意味著什麼，但是他已經習慣了這個標籤。不論他的表現到底如何，他都期望別人說他為「第一名」。得不到「第一名」，他就會難過失望，甚至痛哭。同時，他會主動避開得不到第一名的活動或競爭。

青少年時期的模仿習慣及心理分析

青少年的思想發展逐漸向成年人的程度靠齊。很多家長為了幫助孩子提高思考能力，都在想方設法地給孩子做思考訓練。網路上，關於思考訓練、心智圖、思考模型等的概念宣傳也是鋪天蓋地。然而，就學校和家庭而言，青少年的思考習慣更多的還是來自模仿現實生活中的思考模式。

「3歲看小，7歲看老」是民間流傳的一句古老的諺語。有心理學家認為，一個人的個性特徵，初步形成時期是在學齡前期，而個性的發展和定型是在青少年時期。學齡前期所形成的總體心理特徵是個人最初，比較鮮明的心理傾向，這些特徵在兒童的心理上出現了最初的模樣，所以，一個人在一生中所表

第二節　模仿：孩子是家長的一面鏡子

現的個性特點和心理活動的總體特徵的雛形，一般在 7 週歲的階段已經表現出來。那麼，思考模式是不是也是如此，在學齡前期就已經形成了，青少年時期就一直保持穩定不變呢？

正在讀高中的李悅，成績不太理想。李悅的媽媽從家長會回來後，經過多方詢問，給她報名了一個心智圖的網路課程。網路課程的老師介紹了心智圖的概念，以及具體如何透過心智圖理解課本上的知識重點。媽媽期待上完課後，李悅能夠改變思考習慣，調整學習方法，提高學習成績。可是，課程結束後，一切都沒有改變，包括李悅的媽媽本身焦慮不安的狀態。事實上，李悅的媽媽自身的思考習慣已經深深地影響了孩子：不具體的先分析自己家孩子學習中存在的問題，發現問題的本質，而是四處打聽別人的成功之道。

想要養成好的模仿習慣，我們該怎麼做

第一，家長在孩子面前要做到言行一致。如果家長想要讓孩子的情緒平和，自己就要隨時注意調整好情緒。遇到必須發火的情景，也要努力避開在孩子面前發生。如果家長鼓勵孩子嘗試新事物，就要做到在孩子失敗時，表示出理解與支持態度，而不是責罵與糾正。簡單來說，家長要做一個好榜樣，成為孩子可以放心模仿的對象。

第二，養成評論過程，而不是評論結果的成長型思考習慣。

第二章　思想習慣篇：成長型思考讓孩子活得更輕鬆

史丹佛大學的心理學教授卡羅爾・德威克在《看見成長的自己》一書中提出，人的思考模式分為兩種，一種是「成長型思考」；另一種是「固定型思考」。成長型思考的人，不懼怕改變、不懼怕失敗，他們堅信挑戰能夠促進成長，失敗能夠累積經驗，帶來成功。而固定型思考的人則懼怕改變、懼怕失敗，他們認為改變會帶來不安，失敗會引發不能承受的後果。要從固定型思考中走出來，把焦點放在過程中，看到過程中的改變與收穫。鼓勵孩子跳出舒適區，迎接挑戰，在其中不斷完善思想。家長在評價孩子的活動時，要看到孩子的具體表現，不是籠統地說：「你真棒，你最好！」而是要具體分析細節，比如，「你的起跳動作做得很好，用時短，速度快！」、「你對這個故事的敘述很完整，每個人物的特徵都刻劃出來了。」

第三，塑造「最強大腦」。大腦中的神經元之間，有很多負責傳遞訊號的神經突觸。這些突觸會根據環境刺激和學習經驗不斷進化，因此新的知識和經驗會刺激大腦形成新的神經元。很多「最強大腦」都是透過後天的訓練養成的。兒童模仿積極的思考方法，並透過刻意的練習，會改變大腦結構，形成新的思考習慣。

第三節 胡思亂想：紙飛機怎麼能去太空

孩子的想像力很豐富。在他們的腦海裡，可以憑藉三分鐘熱風送他們的紙飛機去太空。很多父母認為這不過是胡思亂想。沒錯，孩童時期的胡思亂想正是屬於低層次的想像力。他們愛做夢、愛幻想，他們的思想天馬行空。這些天馬行空的想像正是高層次想像力的基礎。我們看到很多媒體報導說，如今的孩子缺乏想像力。這其實是個偽命題。想像力是孩子與生俱來的天賦，哪一個孩子都不缺。然而，如何保護和發展孩子的想像力，則是本節要探討的主題。

嬰兒期的想像力習慣及心理分析

嬰兒的塗鴉能為想像力插上翅膀。苗苗和很多嬰兒一樣，從學會抓握開始，就在家裡尋找能夠塗塗畫畫的東西了。媽媽的口紅、姐姐的彩筆都是他的「作案工具」，他在沙發上、牆上、地板上畫，也在茶几上、玩具上畫。如果你問他在畫什麼，他也說不清楚，畢竟他連話都還不太會說呢！可是如果你把他的畫筆搶走，他勢必要大鬧一場的。

嬰兒的「指指點點」都是求知欲。苗苗出門時，會好奇地對著社區景觀指指點點，咿咿呀呀地叫著。有時會對著一朵花看

第二章　思想習慣篇：成長型思考讓孩子活得更輕鬆

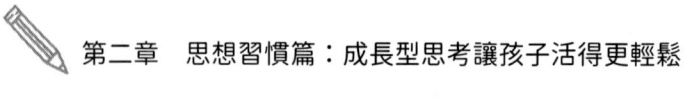

得入神，開心地笑。如果這時候媽媽向他介紹這朵花的名字，他會笑得更開心。媽媽問他：「這小花像什麼呀？像蘑菇嗎？像洋傘嗎？」他興奮地指著小花，似乎陷入了思考。

幼兒期的想像力習慣及心理分析

　　孩子說紙飛機也能飛上太空的時候，不要急於糾正他們。苗苗到了三、四歲時，塗鴉藝術一發不可收拾。沒有上過任何繪畫班的他，到處作畫。他隨意地塗鴉，然後告訴媽媽，這是紙飛機的飛行員，那是火箭的發射臺。他非常自信地告訴媽媽，只要他在紙飛機下面畫一具發射器，紙飛機馬上就能飛到太空去。

　　過早地要求一筆一畫守規矩畫畫，不見得是好事。感受到苗苗對繪畫的濃厚興趣，媽媽決定給苗苗報名一個繪畫班，系統地學習繪畫技巧。到了繪畫班裡，老師首先教小朋友們畫直線。苗苗怎麼畫也畫不好，老師把苗苗單獨留下來練習。練著練著，苗苗的直線像是長了一雙不聽指揮的腳，到處亂扭。用他自己的話說：「這條直線走累了，想在路邊休息一會兒。」老師很生氣，認為苗苗是故意搗亂，讓媽媽接回家嚴厲教育。

青少年時期的想像力習慣及心理分析

　　經過大量的閱讀，青少年的想像力漸漸地具有可實現性。然而，要將想像變成現實，青少年要有一定的知識基礎和實踐

第三節　胡思亂想：紙飛機怎麼能去太空

經驗。光是空想、亂想，是不能夠創造出新事物的。下面，我透過一正一反兩個案例來說明高層次的想像力和低層次的想像力在青少年時期的不同表現。

很多小學和中學裡都開設了以專案為導向的實驗班，由學生提出設想，即專案主題，然後透過自己收集資料，完成設計、實驗，最後將研究成果展示出來。比方說，一個機器人班裡的青少年，因為對籃球充滿興趣，於是想設計一個會投籃的機器人。首先，他要弄清楚會投籃的機器人需要什麼樣的程式指令；其次，在完成程式設計之後，他要考慮如何設計機器人的外觀使之更有個性和辨識度；最後，他要總結在這個過程中自己遇到的問題，並闡明自己是如何解決這些問題的。將想像中的機器人變成現實，這就是高層次的想像力帶來的成果。

有些女生小時候幻想以後成為大明星，擁有萬千粉絲。可是從幼兒園到高中，每次班級文藝表演，她卻總是躲在角落裡，連上臺給同學獻花的膽量都沒有。到了高中，在職業願望一欄仍然填寫要成為舉世矚目的大明星。這種低層次的想像力從嬰幼兒階段延續到了青少年階段，就變成了毫無實際意義的空想。

想要養成勇於想像的好習慣，我們該怎麼做

嬰幼兒階段的胡思亂想，透過知識和閱歷的武裝，能夠變成具有可實現性的高層次想像力。這種高層次的想像力是科

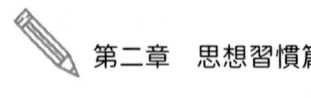

第二章　思想習慣篇：成長型思考讓孩子活得更輕鬆

技創新的推動力。它的基礎是好奇心，而它又透過創造力表現出來。因此，呵護孩子的好奇心，就是發展創造力的第一步。保護孩子的想像力，發展孩子的創造力，需要從以下幾個方面著手。

第一，支持嬰幼兒的塗鴉行為。這是嬰幼兒進行想像的手段，也是發展想像力的途徑。家長要鼓勵孩子想像，讚揚孩子天馬行空的塗鴉，不要過早地給孩子灌輸畫畫的技巧和規則，不要給孩子的思想套上桎梏。透過塗鴉，孩子會將生活中見到的東西和自己腦海裡的形象結合起來，描繪他眼中的故事，這就有利於孩子透過想像力，將相關元素連繫起來，並創造出新形象、新情景、新故事。

第二，巧用興趣。讓孩子用興趣豐富人生，快樂身心，而不是用興趣去考證、測驗和加分。如陪孩子玩「扮家家酒」遊戲。在「扮家家酒」遊戲裡，我們看到孩子變成醫生，假裝給大人聽心肺聲。這也需要孩子的眼、手、大腦相互配合，透過具象思想，來演繹醫生的職業特徵。在具象思想的基礎上，逐漸發展出抽象思想。

第三，透過大量的閱讀來豐富孩子的知識。閱讀能刺激孩子的想像力，所以要盡量擴大閱讀面。閱讀時，文字會為想像插上翅膀，讓思想變得不著邊際，跳脫框架。具體的內容呈現是作者的理解和思想的投射，會在一定程度上限制讀者和觀眾

的想像力。而想像力就建立在好奇心的基礎上,豐富的知識能讓好奇心在這時運轉起來,把問題抽絲剝繭般地往下推理。有了知識,才能透過想像力去分析問題、解決問題。因此,廣博的知識會為想像安上翅膀,才可能實現夢想。

第四,邊玩邊學,培養思考好習慣。死記硬背的書本知識只會成為思想的桎梏。邊玩邊學才能讓知識變得有趣,讓孩子在玩樂時打下堅固的知識基礎,擴大知識面。孩子是透過玩耍,才學會探究。因為探究,才引發了求知慾,而求知欲才是最佳的學習推動器。

第五,要容忍失敗。面對失敗,家長要以更開放的心態鼓勵孩子,一次實驗沒成功,但是我們有了經驗,會為下一次實驗做好準備。我們應該容忍失敗,給人試錯的機會,只有勇於犯錯,思想才能創新。

第四節　囉唆:孩子的好奇心絕不局限於十萬個為什麼

囉唆通常是指將同一件事情反覆強調,或是針對不需要提醒的事情做多次的叮嚀。這種習慣會引人反感,甚至惱怒。

在一個大家庭裡,有 3 種人往往是最囉唆的。一是老人;

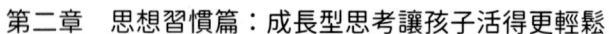

第二章　思想習慣篇：成長型思考讓孩子活得更輕鬆

二是媽媽；三是孩子。老人的囉唆來自健忘，媽媽的囉唆來自焦慮，而孩子的囉唆則來自好奇。這 3 種人的囉唆雖然原因不同，卻相互作用，互為因果。下面，我們來看看在兒童青少年成長的各個年齡階段中，囉唆扮演著什麼樣的角色。

嬰兒期的囉唆習慣及心理分析

對新生兒最囉唆的人通常是媽媽。媽媽會擔心嬰兒喝得是否及時，奶量夠不夠，又緊張尿布夠不夠柔軟，嬰兒車有沒有靜音，這時的媽媽精神高度緊張和焦慮，因此她會反覆問身邊的人同樣的問題，也會將自己的焦慮和訴求反覆表達出來，變成了一個囉哩囉嗦的人。然而，將焦慮的問題反覆說出來後，只會加劇焦慮，把焦慮的心態不斷堆疊放大。於是又形成了一個焦慮和囉唆的惡性循環。

嬰兒開始牙牙學語時，就開始「囉唆」了。他會對著熟悉的人「哎、哎、哎」地說個不停，如果有人回應他，他會「變本加厲」，繼續「哎、哎、哎」地跟對方互動。沒人搭理時，他也會一個人「嘰哩呱啦」地說個不停，似乎在進行一場頗有趣的自我對話。嬰兒的「囉唆」正是他對世界的好奇與探索，他透過模仿發出各種聲音，並期待這些聲音帶來的回饋。

如果家裡是由老人帶孩子的，老人的「囉唆」可能會在這個階段發揮令人想像不到的正面作用，因為他們提供了豐富的

第四節　囉唆：孩子的好奇心絕不局限於十萬個為什麼

語言和表情，給孩子的語言發展提供了非常好的練習對象。一個沉默寡言的老人帶出來的孩子，與一個愛「嘮叨」、「囉哩囉嗦」的老人帶出來的孩子在語言發展速度方面是存在著顯著差異的，後者的語言程度發展得更快。他們說話早、用詞豐富。然而，這些差異僅僅展現在嬰兒階段。等到孩子上了幼兒園，情況又會發生變化。

幼兒期的囉唆習慣及心理分析

「小心點！」

「別摸！」

「燙不燙？」

……

孩子的身邊，各種緊張的提醒聲不絕於耳，不論是媽媽、帶孩子的祖輩，還是學校裡的老師，都生怕孩子遭遇危險。的確，各種安全隱憂的確存在，但事實上，更多時候是我們自己不知道該怎麼做，才會下意識地反覆嘮叨、囉唆。

於是，有耐心的孩子會給家長送上「嘮叨大王」、「囉唆第一名」這樣的「美稱」，急躁的孩子可能隨時透過尖叫、吶喊來表達自己的抗議。很多時候，我們都在無意識地與孩子交流，嘮叨和說教成了家長自我減壓的工具，似乎說出來了，我們就對

第二章　思想習慣篇：成長型思考讓孩子活得更輕鬆

孩子負責了。其實恰恰相反，沒有經過思考的下意識行為，讓孩子感受到的是「不信任」、「指責」和「責罵」。因此，家長的囉唆貶低了對孩子的評價，打擊了孩子的自信。囉唆的家長養育出來的孩子通常會很安靜，而安靜的家長養育出來的孩子則會比較「囉唆」。

跟嬰兒階段不同的是，在幼兒階段，只有當大人安靜下來，願意傾聽時，孩子才會愛說。我們可以想像得到，如果孩子剛開口講述自己在幼兒園裡和小朋友發生糾紛的故事，大人就一個勁地追問細節，然後責罵他的行為和表現，並告誡他下一次要怎麼做才是正確的，這是一件多麼掃興的事情啊！會傾聽的家長這時候會對孩子說：「你在幼兒園發生的故事真有趣，我相信你能處理好，如果你需要幫助可以告訴老師或者爸爸媽媽哦！」

青少年時期的囉唆習慣及心理分析

大多數青少年的語言溝通會變得很精簡。家長通常覺得孩子不願意跟自己說話。一回到家，就關上自己的房門，家長總覺得有一肚子話不知道該怎麼跟孩子訴說。說多了，怕孩子嫌自己囉唆，說少了，又怕自己關心得不夠。這一刻，孩子可能在網路上跟陌生人正天南地北的聊著，似乎有說不完的話。他們也從未意識到此刻的自己有多囉唆。網路就像是一個宣洩

第四節　囉唆：孩子的好奇心絕不局限於十萬個為什麼

口，讓他們可以把心中所思所想任意的說出來，甚至他們會誇大自己的想法和感受，反正對方也不在乎。

有些青少年並非想封閉自己，也不是不需要情感交流。他們之所以不跟家長囉唆，是因為他們發現，一旦跟家長說點什麼事，家長就會過度解讀，再普通不過的日常閒談都會被家長看成是天大的事情。例如，有一個男孩跟家長表達，班上有一個女孩子滿好看的。家長立刻緊張起來，反覆追問孩子是不是有了戀愛的心思，甚至還會聯絡老師，要求老師幫忙盯梢。這個男孩自然對家長的反應感到很厭煩，從此不願再跟家長聊天了。

想要養成不囉唆的好習慣，我們該怎麼做

嘮叨和囉唆都無法使兒童青少年養成好習慣。想要孩子養成自律、自主的好習慣，就要在跟孩子相處時注意以下幾點。

第一，認真對待孩子的「十萬個為什麼」，呵護孩子的好奇心。我們經常可以看到家長的一些錯誤做法，例如立刻告訴孩子正確答案，或是敷衍地說聲「我也不知道」、「別亂問」。首先，我們要記住，在孩子提問時，要先等待一會兒，給他們足夠多的時間去調整和補充自己的問題。其次，家長要積極思考孩子提出的問題，最好帶著孩子一起找答案。最後，由孩子來對問題提出結論和回答。

第二章　思想習慣篇：成長型思考讓孩子活得更輕鬆

　　第二，使用正面管教的方法，用正向的詞語鼓勵孩子做正確的事情，而不是一味地重複提醒孩子不要犯錯，以及不要做、不能做的事情。有時，孩子會將手指頭放進嘴裡，家長要提醒孩子「小手手拿出來」或者「手指頭放在外面最健康」，而不是說：「不要把手指頭放嘴裡，這很不衛生！」孩子會下意識地在腦海裡重複家長說的話，因此，正面的提示會鼓勵孩子做正確的事情。

　　第三，有意識地控制自己的情緒，不要因為情緒上來而說個不停。這一點對青少年而言尤其重要。青少年拒絕溝通往往會引起家長情緒激動，反而說得更多。家長要理性對待孩子青春期的特點，該閉嘴時閉嘴。有時青少年因為一時衝動，說出讓人惱怒的話，家長要先冷靜一下，再做處理，而不是立刻衝過去跟孩子理論清楚，教育他對錯。青少年時期的「惡語相向」很多時候是言不由衷的，家長要注意辨別，先看準時機再教育。

　　第四，巧用溝通方式。除了說話，還有書信、畫畫等多種溝通方式。家長可以試著將自己覺得一次談話不盡興的事情寫下來，自己先讀一讀，是不是必須得再跟孩子談一下？用書信溝通是否能發揮更好的效果？如果確定需要再跟孩子談一下，注意措辭，點到為止，在書信裡娓娓道來，跟在孩子面前喋喋不休、越說越激動的情形自然不同。用對了溝通方式，孩子才能欣然接受。

第五節 胡攪蠻纏：
那些讓人發笑的結論恰恰是最寶貴的

　　胡攪蠻纏通常是指孩子不講道理，在某件事情上與大人糾纏不清，不達目標誓不罷休的行為。這種行為一般從嬰幼兒期開始，一直延續到青少年時期，成為很多家長困擾和苦惱的源頭。那麼，究竟孩子為什麼要胡攪蠻纏呢？又該如何糾正孩子這種壞習慣呢？其實，嬰兒期的胡攪蠻纏是無意識的行為，但他們的胡攪蠻纏為自己贏得了滿足。於是到了幼兒階段，兒童就開始出現為了達到目標而進行有意識的胡攪蠻纏。當然，孩子的任性胡鬧，也不一定全是胡攪蠻纏。因此，我們一定要注意辨別，有針對性地加以糾正。

　　下面，我們將具體分析在兒童青少年成長的各個年齡階段中胡攪蠻纏的心理原因，以及怎麼做才能養成理智的好習慣。

嬰兒期的胡攪蠻纏習慣及心理分析

　　嬰兒期的嬰兒有了需求卻沒有人回應時，會透過哭鬧來獲得滿足。如嬰兒的紙尿褲溼了，感到不舒服，但又無法透過語言告訴家長，他就會使勁的哭，直到家長發現尿布該換了。換過尿布後，嬰兒獲得了滿足。當嬰兒稍微大一點時，看到好吃的、好玩的，想要拿一個，可是家長不給。這時候，嬰兒能怎

第二章　思想習慣篇：成長型思考讓孩子活得更輕鬆

麼辦呢？對，他會大聲地哭。有很大的可能性，為了讓嬰兒停止哭泣，家長會選擇妥協，給嬰兒零食或玩具，儘管他們覺得嬰兒不應該吃零食，或者有些玩具嬰兒玩起來有點危險。

透過反覆的練習，嬰兒逐漸意識到，如果有難以解決的問題、難以達到的目的，就要哭鬧一番試試，也許問題就可以解決了，目的就達到了。在這個時期，嬰兒的無理取鬧和胡攪蠻纏，是從一種無意識行為發展為有意識的試探。如果家長多次在嬰兒哭鬧後，滿足其願望，則會給嬰兒這樣的訊號：會哭，才有糖吃。

幼兒期的胡攪蠻纏習慣及心理分析

幼兒的社會化程度獲得了快速的發展，他們的情商也隨之提高。這意味著他們開始具備察言觀色的能力。在家庭聚會上，幼兒想要玩手機，家長通常是會同意的。為什麼？家長愛面子，不願意當著人群的面跟孩子說教，不願意讓別人看到自己「管教無方」、孩子「油鹽不進」的一面。所以，凡是在人多的地方，孩子的胡攪蠻纏，只要稍稍用點力，往往就能讓家長就範。

而在家裡，幼兒與家人相處時，他們會根據家長的表情和語言中流露出來的情緒決定如何獲得自己想要的東西。如果他們看到家長心情不錯，跟朋友在電話裡聊得開心，這時來跟

第五節　胡攪蠻纏：那些讓人發笑的結論恰恰是最寶貴的

家長說想看一下下卡通片，適當地撒個嬌，一般都能如願。因此，幼兒階段的胡攪蠻纏是一種有意識的行為，在多數情景下，它是一種收放自如的情緒表演。

青少年時期的胡攪蠻纏習慣及心理分析

青少年時期的孩子胡攪蠻纏起來，更加讓人頭痛。因為他們已經有能力將胡攪蠻纏變成一場語言和邏輯的較量。如讀中學的小余同學想要獲得一臺高效能的筆記型電腦，大人都知道，中學生日常學習偶爾需要用到電腦，但是一臺具備網路搜尋、文件編輯、視訊剪輯等功能的普通筆記型電腦就足以滿足孩子的學習需求。可見，小余想要高效能的筆記型電腦的訴求並不適當。在家長拒絕了他的請求之後，他開始不斷的勸說家長。他收集了各類電腦效能的資料，並進行對比，強調高效能筆記型電腦的優勢，在家長推薦了一個普通型號之後，他又去網路上找出該型號筆記型電腦的負面評價。他在試圖透過自己的舉證，來說服家長做出非理性購物的決定。

同樣是不達目的誓不罷休的胡攪蠻纏，青少年的表現更加「智慧」。他們的邏輯思考非常活躍，語言運用更加現代化，總是能將歪理說得「冠冕堂皇」。通常會讓家長覺得自己落伍了，孩子知道得更多，也許就應該聽孩子的。

079

第二章　思想習慣篇：成長型思考讓孩子活得更輕鬆

想要養成不胡攪蠻纏的好習慣，我們該怎麼做

　　第一，正確分析孩子的胡攪蠻纏行為，找出其中的合理因素與不合理因素。孩子的胡攪蠻纏都是有原因的，有時，孩子是為了達到某種明確的目的；有時，孩子胡攪蠻纏是為了宣洩情緒，沒有特定的目的。看透了孩子行為的本質，才能對症下藥。態度鮮明地拒絕不合理的胡鬧，安撫孩子失控的情緒。

　　第二，實施正面管教，先弄清楚孩子的胡攪蠻纏是無意識行為還是有意識行為。無意識行為經過多次強化，會轉變成潛意識的行為或有意識的行為。胡攪蠻纏本質上源於孩子對父母的依賴和信任。因此，在現實生活中，我們發現孩子會纏著父母或直接照料者撒嬌耍賴，但是不會對外人使出這一套。因為他們很清楚誰才有可能滿足自己的願望。這時，要明確拒絕孩子無意識的胡攪蠻纏，這樣才能讓孩子逐漸意識到，撒嬌耍賴是沒有用的。而當孩子已經發展為有意識的胡攪蠻纏時，家長要明確告訴孩子這樣做是不對的，以及如何做才能實現願望。孩子有了正確的方法指導，下一次就會嘗試透過正確的途徑去達到目的。

　　第三，運用規矩約束孩子。面對孩子的無理要求，父母總是會全方位考慮利弊，很多時候會因為場合、情緒而遷就或縱容孩子。這種行為就會強化孩子胡攪蠻纏的不良習慣，讓孩子將胡攪蠻纏和達成目的畫上等號。所以，為了避免家長出於情

第五節　胡攪蠻纏：那些讓人發笑的結論恰恰是最寶貴的

感考慮而左右為難，或者與孩子辯論扯不清的邏輯，我們應該從一開始就跟孩子約定好規矩，並嚴格執行。例如跟孩子約定好，每年只有在生日、兒童節、新年和學期結束時才能購買玩具，其他時間只能欣賞櫥窗裡的東西，絕不購買。這樣，孩子在耍賴要求家長購買玩具時，就可以依據家庭約定來說服孩子。

第四，多用同理心理解孩子的行為，不要把懲罰當作教育。有時孩子因為想撒嬌而對家長提出無理的要求，目的在於想要聽到家長表達愛的心聲，而不是為了獲得什麼具體的物品。這時，家長要指出孩子的不當行為，給孩子改正的機會，不要輕易去懲罰孩子。例如，一個小女孩哭著說要把路邊的小野貓帶回家養，但父母不同意家裡養寵物，而且小女孩以前說過自己沒有耐心照顧動物，因為太麻煩了。這時，父母可以透過同理心，表達自己理解小女孩關愛小野貓的心情，讚賞她的愛心，並提出以後可以陪小女孩送食物來給小野貓吃的建議。這樣小女孩就能感受到父母的愛與理解。如果父母對小女孩的行為不理解，對她一陣責罵教育，則會適得其反。

第五，家長要善於反思和「覆盤」。如果可以愉快地獲得滿足，沒有孩子會去胡攪蠻纏。因此，孩子的胡攪蠻纏行為與家庭環境和教育方法有關。有的家長標榜要做民主父母，在孩子小的時候特別溺愛孩子，對孩子有求必應，事事徵求孩子的意見，導致孩子認為自己的願望都能實現。

第二章　思想習慣篇：成長型思考讓孩子活得更輕鬆

還有一種情況，是家長在管教孩子時沒有明確的標準，是否回應孩子的願望，全憑自己的心情。這會讓孩子的願望沒有參照標準，容易透過胡攪蠻纏來試一試，看看能否獲得滿足。因此，家長在遇到孩子胡攪蠻纏的情況時，要反思自己的教育方法是否有問題，如果有問題，就要及時改正。除了改正自己的教育方法和育兒思想，還要為孩子「覆盤」，幫助孩子分析，為什麼會發生這樣的情況？怎樣做能夠避免無理取鬧，以及是否能找到不吵不鬧還能滿足願望的方法？如果沒有可能在這一次滿足願望，該如何調整自己的情緒，積極面對失望的情緒？幫助孩子「覆盤」的過程，也是家長進行再次反思的機會。

第六節　受挫：
如何從覆盤的過程中賦能

在前文中，我多次提到了「覆盤」。可能有的讀者還不熟悉何謂覆盤。在這裡，我就單獨開闢一節來談談覆盤的話題。「覆盤」本來是圍棋術語，意思是下棋的人在下完一盤棋後，重新在棋盤上把對弈過程擺出來，看看哪些地方下得好，哪些地方下得不好，以及思考哪些地方其實可以有另外一種更好的下法。應用到教育方面和心理學領域中來，覆盤的延伸意義就發展成了一種「覆盤思考習慣」：當時發生了什麼——我／孩子是怎麼

第六節　受挫：如何從覆盤的過程中賦能

做的——我們為什麼這樣做——今後遇到類似的問題，我們有沒有更好的處理方法。下面，我們來具體分析兒童青少年在成長的各個年齡階段中覆盤思考習慣的特點。

嬰兒期的覆盤思考習慣及心理分析

嬰兒因其處於認知程度發展的初期，缺乏判斷力和執行力，因此格外容易遭受挫折。比如，孩子看到媽媽來了，張開雙臂想要擁抱，這時被媽媽一把抱進手推車裡，推出去散步了。這是生活中常見的小挫折，孩子通常會透過大哭來表達自己的委屈。這時，家長就要做好覆盤工作。我們這裡談論的覆盤分為兩個方向，一個方向是家長的自我覆盤；另一個方向是引導孩子學會覆盤。前者我們很好理解：

發生了什麼事？孩子大哭。

我／孩子是怎麼做的？孩子想要擁抱，而我將孩子抱進了手推車裡。

我為什麼這樣做？因為我沒有注意到孩子想要擁抱，以為她張開雙臂只是歡迎媽媽回來。

我們有沒有更好的處理方法？有。跟孩子見面時，不急著出門，跟孩子多相處幾分鐘，體會一下她的需求，讓她覺得安心了，再把她放進手推車裡。

而後者則需要我們用發展的眼光看待與孩子的溝通。嬰兒

083

第二章　思想習慣篇：成長型思考讓孩子活得更輕鬆

期處於思考萌芽的階段，透過向孩子展示覆盤過程，家長可以向孩子灌輸覆盤的思考模式，待孩子長大後會逐漸理解這些過程的意義，並從中獲得正能量。

幼兒期的覆盤思考習慣及心理分析

　　幼兒處於瘋狂模仿的時期，他們會學習家長、老師和身邊人的思考模式。心心在幼兒園看到小朋友弄壞了彩筆時，老師跟小朋友說：「你要倒楣了，你弄壞了幼兒園的彩筆，你要賠錢！」晚上，媽媽給心心放洗澡水，不小心水放多了一點，心心馬上說：「媽媽，你要倒楣了，你水放多了，你要賠錢！」媽媽意識到，這個語言模式可能來自幼兒園，於是她試探性地問心心為什麼這麼說，心心回答：「因為我們幼兒園老師就是這麼說的啊！」這個情景變得複雜起來，這不是簡單地教育孩子使用正向語言的問題，也不是糾正孩子金錢觀的問題，而是如何讓孩子意識到老師的做法不是最好的。

　　我們都知道，在幼兒園及小學初期，孩子把老師的話奉為真理，家長也時刻不忘教育孩子要聽老師的話。因此，告訴孩子，老師做錯了，這對孩子來說是一種衝擊。如果處理得不好，可能會導致孩子從此失去對老師的信任。給心心洗完澡之後，媽媽跟她耐心地談了一次話。

　　媽媽：「幼兒園小朋友的彩筆為什麼壞了呀？」

第六節 受挫：如何從覆盤的過程中賦能

心心：「因為他使勁的戳、使勁的戳，所以筆就戳壞了啊。」

媽媽：「哦，彩筆輕輕一劃，就能畫出美麗的顏色。他為什麼使勁的戳呀？」

心心：「因為他不想畫畫啊，所以就故意把它對戳壞掉，老師就生氣了，讓他賠錢！」

媽媽：「他不想畫畫，所以把筆弄壞了。如果他重新買一支筆會怎麼樣呢？」

心心：「他還會把筆戳壞！」

媽媽：「看來賠錢買新筆也解決不了問題。你覺得怎麼做才能讓他愛惜彩筆、好好畫畫呢？」

心心：「那就要給他表揚，告訴他好好畫畫，就能得到小貼貼，就能成為好寶寶！」

媽媽：「沒錯！老師可以換個方式，鼓勵他試著畫畫。也許他畫畫技術不是很好，需要幫助。」

心心：「那老師也可以幫忙他畫畫。」

媽媽：「嗯。這也是一個好辦法。今天媽媽洗澡水放多了，下一次我會多多注意，你可以幫忙提醒我嗎？」

心心：「當然啦！我提醒你，你就不會放多了。」

經過一場耐心的溝通，「倒楣」、「賠錢」的字眼消失不見了。這場替代性覆盤，讓孩子從老師的角度出發，思考事件發

085

第二章　思想習慣篇：成長型思考讓孩子活得更輕鬆

生的過程、當事人的做法以及更好的解決辦法。孩子就會發現事情的本質，不是老師說話的問題，也不是老師值不值得信任的問題，而是老師與該同學的溝通方式存在問題。

青少年時期的覆盤思考習慣及心理分析

　　青少年在學習及生活中經常會遇到挫折，因此覆盤思考習慣尤其重要。在這裡，我們來分析如何透過覆盤為青少年賦能。在學習方面，最難過的事情莫過於付出了比別人多的時間，卻考得比別人差。米格同學就遇到了這樣的坎坷。期中考試成績一出來，他就大受打擊——明明他每天比別人晚睡，為何成績還比別人差呢？米格在老師的指導下，對自己近期的學習進行了覆盤。

　　首先，他在紙上畫下了兩個類別：做得好的地方，以及做得不好的地方。在做得好的地方，他寫道：每天延長學習時間，認真寫練習題。在做得不好的地方，他寫道：睡得太晚，影響第二天的聽課效率。其次，順著這兩個大方向，他逐漸回顧分析自己的得與失。最後，他總結得出，是時間管理出了問題，導致自己事倍功半。那麼，接下來該如何管理時間，才能反敗為勝呢？米格同學根據前面列出來的兩個方向中的做法，採取「取其精華，去其糟粕」的策略，重新制定了學習計劃。新的學習計劃中規避了之前犯的錯誤，將之前做得好的地方「發揚光

第六節　受挫：如何從覆盤的過程中賦能

大」，必然會提高成功的機率。這就是覆盤思考習慣給學習帶來的幫助。遇到挫折並不可怕，如果能在挫折面前冷靜覆盤，就能在下一個階段少走彎路，直達彼岸。

想要養成善於覆盤的好習慣，我們該怎麼做

青少年已經具備抽象思想能力，而大部分的青少年也都具備了自我覆盤的能力，少部分的青少年可以在老師或家長的指導下進行覆盤。這個差異主要來自從小養成的思考習慣。因此，思考習慣的養成要從小抓起。下面，我們來談一談，如何從嬰幼兒期開始養成覆盤的習慣。

第一，保持冷靜的頭腦，及時覆盤。這就是要求我們做好情緒控制，遇到問題時不急不躁、不吼不叫。只有經過冷靜的思考，才能還原事件的全貌。回到情景當中去，才能發現問題，針對具體的問題，我們才能想出解決問題的辦法。

第二，事件當事人共同參與討論。親子雙方要共同來回顧事件發生的過程，從各自的角度出發，討論自己做得好和做得不好的地方，如果再發生類似的事情，怎樣做能有更好的結果，以及更好的結果有什麼意義。

第三，針對不緊急的問題，也要做到定期覆盤。對於一個情緒控制一直做得不太好的孩子，家長可以透過長期記錄孩子情緒失控的表現，定期幫助孩子覆盤階段的表現，以一個星

第二章　思想習慣篇：成長型思考讓孩子活得更輕鬆

期、一個月、一個學期或一年為階段，來發現孩子是否有明顯的變化和發生的一些新問題。而青少年則可以嘗試獨自做好覆盤。家長不要命令或強迫青少年做覆盤，因為這樣做往往會引發新的衝突。正確的做法是透過前期的示範和訓練，讓孩子養成一種覆盤的習慣。

第四，鍛鍊孩子自我覆盤的能力。前面我們提到了，培養孩子覆盤思考習慣的順序依次是從嬰兒期向孩子展示覆盤的過程，到幼兒期訓練孩子進行自我覆盤，再到青少年時期鼓勵孩子獨立完成覆盤。在孩子進行復盤練習時，家長切記不要輕易否定孩子的覆盤結果，要持開放的態度去看孩子的覆盤。我們要知道，孩子的辯證思考能力還在發展中，隨著辯證思考能力的發展，他們會在下一次覆盤中發現上一次覆盤存在的問題。我要提醒教育者和家長們，對待兒童青少年習慣養成的問題，要有足夠的耐心。

第七節　退縮：
重新開始沒有什麼大不了的

有些兒童平時很孤僻、膽小，不願意跟其他小朋友玩，不愛說話，寧願活在自己的世界裡，獨自玩玩具，或只跟家人

第七節　退縮：重新開始沒有什麼大不了的

玩。嬰兒期他們表現得比較安靜、不主動跟別人玩，而進入幼兒園或小學之後，他們開始表現出緊張、害怕，甚至不願意上學。熟悉環境之後，他們的退縮行為又會逐漸隱藏起來。退縮行為具體是指兒童在面對人際交往、新鮮事物和日常活動時，表現出抗拒和害怕的行為。在人際交往方面，有退縮心理的兒童會性格孤僻，表現出不合群的行為；他們不願意嘗試新鮮事物，在日常生活中遇到困難也不敢獨自面對，或是遇到挫折就想放棄。家長往往不知道該怎麼處理這種現象：如果任由孩子放棄，可能會導致他形成無法面對困難的心理；如果要求孩子堅持，又怕引起孩子的激烈反抗和叛逆心理。我們只有找到兒童青少年出現退縮行為的原因，才能有效地改變這種習慣。下面，我們從兒童青少年成長的各個年齡階段來具體分析退縮習慣的心理特點。

嬰兒期的退縮習慣及心理分析

雖然我們常說，嬰兒不會被慣壞，怎麼寵愛嬰兒都沒錯。可是，如果寵愛的方法出了問題，也會釀成難以接受的後果。朱迪的奶奶全心全意地照顧著孫女，朱迪在學走路時，不小心摔倒了，奶奶會衝上去拍打地板，責怪地板讓朱迪摔倒了。然後一把抱起朱迪說：「沒事，我們有奶奶抱。」類似的情形發生好幾次之後，朱迪在很長一段時間之內都不願意再學走路

第二章　思想習慣篇：成長型思考讓孩子活得更輕鬆

了。因為奶奶在朱迪遇到挫折時，總是給予朱迪「不必要的幫助」——責怪地板，這會讓朱迪依賴這種責怪，不去嘗試學走路。逐漸地，這種依賴還會擴散到生活中的其他方面，例如見到生人不願意去交流，而是躲在奶奶後面，由奶奶代為出面打招呼。有不好拆開的零食包裝袋，也不願自己嘗試開啟，她會直接拿給奶奶拆，或是因為害怕自己拆不開袋子而生氣地將零食扔掉。

　　這是因為不恰當的溺愛而引起的嬰兒退縮行為。如果朱迪的奶奶能意識到自己的問題，及時改正教養方法，她就會在孩子跌倒時，先觀察一下。如果孩子沒有哭，那麼靜靜地走到她的身邊，給予她鼓勵，告訴她：「寶貝，前面幾步都走得很好呢，後面幾步走得有點急，所以摔倒啦！沒關係，我們下次走慢一點試試。」這時，孩子能感覺到摔倒其實沒什麼大不了的，再試一次就好。如果孩子哭了，奶奶可以關心地問她：「寶貝，你摔痛了沒有，要不要奶奶扶你起來？」這樣，既考慮了孩子的感受，又把選擇權交給了孩子，讓孩子感受到愛與安全感，她就會覺得自己有能力去解決這些問題。孩子在面對挫折時會感到緊張、害怕，肯定希望獲得別人的理解與支持，因此，我們要給孩子時間去面對自己的情緒，然後才有心理準備來思考如何解決難題。

第七節　退縮：重新開始沒有什麼大不了的

幼兒期的退縮習慣及心理分析

　　孩子上了幼兒園之後，經常會帶一些家庭作業回家，這些作業難度不大，通常是塗塗顏色、連連線。主張給幼兒安排家庭作業的幼教工作者認為，這樣的家庭作業能增進親子之間的感情，因為大多數作業都是需要家長參與的。而慧慧的家長則將作業視為自己的任務，每次都親自上陣，幫助孩子搞定作業。剛開始，慧慧很開心，沾沾自喜地帶著作業去學校。可是到了課堂上，老師讓每個小朋友都用彩色筆給圖片塗色時，慧慧就不肯下筆了。因為在家裡，這種塗色的事情都是由媽媽來做的，她怕自己會塗錯，挨老師責罵。

　　幼兒的動作技能已經發展得很好，能夠抓握用筆了，塗色本是幼兒能夠完成的任務。慧慧在這個任務面前的退縮是因為媽媽的不當干預。慧慧習慣了待在「不要動，媽媽來辦」的舒適區裡，面對新的任務自然會產生害怕的心理。因此，慧慧的媽媽是時候改變自己的育兒方式，幫助孩子走出舒適區，迎接新的挑戰。

　　如何走出舒適區呢？蘇聯心理學家維果斯基提出了「最近發展區」的理論，即「兒童現有獨立解決問題的程度」和「透過成人或更有經驗同伴的幫助而能達到的潛在發展程度」之間的區域。經過分析，我們可以發現慧慧的現有程度是能夠握筆塗色，透過老師及家長的幫助而能達到潛在的發展程度，是用彩筆給圖片均

第二章　思想習慣篇：成長型思考讓孩子活得更輕鬆

匀地塗色。在這個過程中，我認為有兩個細節很重要：一是肯定兒童現有的程度；二是給兒童提供幫助，而不是代勞。

青少年時期的退縮習慣及心理分析

很多家長發現，對孩子的學習逼得越緊，參與得越多，孩子的成績就越不理想，甚至產生厭學的心理。於是，他們覺得很納悶，為什麼有些孩子學習很主動，遇到難題總是能迎難而上，而自己家孩子則是遇到一點小困難就往後退呢？是什麼造成了兩種完全不同的局面？原因可能要追溯到嬰幼兒期的家庭教育。前文中，我們已經提到，在嬰幼兒期，要為孩子的發展搭建好合適的平臺，讓孩子持續在「最近發展區」往前跳，就能順利達到新的發展程度。然而，如果嬰幼兒期忽視了「最近發展區」，而且孩子已經有了畏難情緒和退縮行為時，我們該如何矯正這一行為呢？

首先，家長要了解步步緊逼的家庭教養模式，剝奪了孩子的空間和時間。這種教養模式讓孩子感覺被束縛，他們害怕自己考試考不好會被家長責怪，甚至打罵。於是整天生活在擔心的狀態之中，心裡充滿了焦慮和恐懼，既不敢放下書本去玩，又無心去思考如何學習。其次，家長要接納孩子的全部，鼓勵孩子透過與同伴學習處理方式，自己來解決問題。這意味著，不要用成績來定義一個孩子的成功與失敗，不要把孩子當成沒

第七節 退縮：重新開始沒有什麼大不了的

有感情的學習機器。當家長不再盯著孩子的成績不放，孩子對學習的抗拒也會鬆懈下來。當孩子不再覺得自己處在憂心的情緒之中時，他們反而會對學習的內容產生興趣。

除了上述的家庭教養模式，還有其他的教養模式也會造成兒童青少年的退縮行為，下面，我們對教養模式進一步說明，同時分析如何做，才能避免兒童青少年出現退縮行為，以及如何糾正已經出現的退縮行為。

美國發展心理學家戴安娜・鮑姆林德透過一項開創性的研究，調查了95個家庭的103名學齡前兒童；透過訪談、測驗和家庭研究3種方式，測驗兒童是如何完成任務的，進而提出了3種家庭教養模式，再以此為根據，描述了家庭教育中的典型行為模式：獨裁型、放任型和權威型。

第一種類型是獨裁型，父母強調控制權。他們要求孩子絕對服從自己規定的行為準則，假如孩子違背他們的意願，就會遭到嚴厲的處罰。他們給孩子的感覺是冷漠和不近人情，他們的孩子容易形成孤僻和多疑的性格。

第二種類型是放任型，父母注重自我表達和自我調節。他們很少對孩子提出要求，盡量讓孩子自由活動，當他們覺得有必要制定準則時，會向孩子解釋原因，並與孩子共同討論，很少處罰孩子，他們不專制、不苛責，甚至放縱孩子。他們的孩子在學齡前是最不成熟的，自我控制和探索能力也都是最低的。

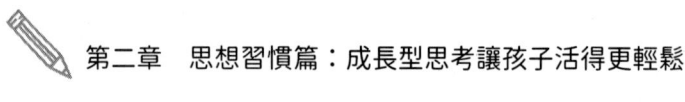

第二章　思想習慣篇：成長型思考讓孩子活得更輕鬆

　　第三種類型是權威型，父母注重孩子的個性，但同時也會對孩子施加社會性的限制。他們有信心管理孩子的行為，也尊重孩子的決定、興趣、想法和個性，他們關心和接納孩子，但也要求兒童品行端正，堅持規範的標準和規則。他們會解釋制定標準的理由，並鼓勵親子間進行語言交流。這類孩子的安全感強烈，因為他們了解父母對自己的愛和期望。擁有權威型父母的兒童，在學前期比較獨立、能自我掌控和也相對更自主，探索性和滿意度也是最高的。

　　美國心理學家馬丁・塞利格曼等人透過心理學研究，提出了第 4 種風格，即忽略型（或非捲入型），這類父母有時由於自己的壓力或情緒沮喪，只關注自己的需求而忽略孩子的情緒和需求。忽略型的教養模式會導致個體在兒童期和青少年時期發生社會性退縮等行為失調的現象。

想要養成不退縮的好習慣，我們該怎麼做

　　第一，及時辨識孩子的畏縮情緒，做好正面的引導。透過認知分析和情感共鳴，讓孩子感受到自己正被接納和關懷中。

　　第二，父母在家庭教育、老師在學校教育都應該注意自己的態度和方法，不做獨裁者，尊重孩子的成長規律和存在的個體差異，不用一視同仁，全體一致的期望和要求來束縛孩子的成長。

第七節　退縮：重新開始沒有什麼大不了的

　　第三，降低期望，分階段地調整教育方案。父母要高度參與孩子的成長過程，但是不要過分期望盡快看到教育成果。做溫暖體貼的父母，告訴孩子，重新開始沒有什麼大不了的。

　　第四，不輕易地將孩子與「別人家孩子」進行比較。孩子主動「瞄準」的榜樣有利於孩子前進，而家長強加的比照標準則會導致孩子產生抗拒。他們不願意被比較，因為他們知道比較的結果是自己比別人差。這種挫敗感讓他們想躲起來，進行自我保護。

　　第五，有研究顯示，相比於其他類型的父母，權威型的父母培養出優秀孩子的機率最高，在這類型父母之下長大的孩子在成長中受益越來越多，長大後更懂得感恩父母，您願意成為這樣的父母嗎？

第二章　思想習慣篇：成長型思考讓孩子活得更輕鬆

第三章
表達習慣篇：
孩子的語言習慣裡藏著家長的養育模式

第三章　表達習慣篇：孩子的語言習慣裡藏著家長的養育模式

第一節　指責：你怎麼這麼早就起床了

3歲的心心不愛睡懶覺，每天都是7點左右就起床。心心起床後，奶奶就得跟著起來陪她玩，所以從奶奶的角度來看，她希望心心早上能多睡一會兒，晚一點起床。因此，她看到心心早起的時候，總是帶著指責的語氣說：「你怎麼這麼早就起床了？」心心正是在牙牙學語的時期，這種指責在她看來已經習以為常了。媽媽下班回到家，她也不假思索地說：「媽媽，你怎麼才回來？」這讓工作了一整天的媽媽聽起來感覺並不舒服。如果她說：「哇！媽媽你終於回來啦，我好想你呀！」媽媽一定會覺得一天的勞累都被這種關心和被需要的感覺抵消了。

指責，作為一種不好的習慣存在於很多兒童青少年的語言表達中，給生活加入了一劑苦澀的調味料。下面，我們從兒童青少年成長的各個年齡階段分別來看，指責的語言習慣是如何形成的，有哪些特點，以及我們怎樣做才能改變這個壞習慣。

嬰兒期的指責習慣及心理分析

照料嬰兒是一件很辛苦的事情。因此在忙碌和疲憊時，有些家長就忍不住因為一些小事而互相指責。爸爸指責媽媽，媽媽指責奶奶，奶奶在爸爸媽媽上班出門之後又指責孩子。孩子

第一節 指責：你怎麼這麼早就起床了

白天受了委屈，晚上見到了爸爸媽媽自然又會哭鬧一番，可是不明緣由的爸爸媽媽又會責罵孩子。指責就像一個惡性循環，在這個家庭裡形成了一種語言習慣。可想而知，在這樣的語言環境中長大的孩子，將來也會習慣用指責的語氣說話。

家長因為自身的疲憊，而將負面情緒透過語言責怪的方式轉移到另一個人身上：媽媽沒有在被爸爸指責時，跟爸爸溝通清楚，解決不滿，而是將怨氣轉而發洩在奶奶身上。奶奶同樣沒有就事論事，與媽媽講道理，而是把矛頭指向了無辜的孩子。您發現了嗎？每個人都在找一個軟柿子捏。指責別人不是因為他犯了錯，而是因為我自己不爽快。孩子透過觀察，會逐漸模仿大人的行為。只要他覺得不高興，他就會指責別人：怪奶奶做的飯不好吃，怪媽媽買的衣服不好看，怪爸爸週末沒有帶他出去玩，甚至怪鄰居家的狗狗沒禮貌。這個時期的指責大多是無意識的行為，當有一天，家長意識到孩子總是在無端地指責他人時，他們就該反思一下：為什麼孩子會這樣做？我們有沒有這樣做過？這時，他們會發現，正是自己在孩子的語言習慣裡埋下了指責的種子。

幼兒期的指責習慣及心理分析

幼兒的社會活動開始豐富起來，學校、社區、公園、才藝班、遊樂場等場所都是他們人際交往的平臺。俗話說「不爭、不搶、不好玩」，我在公共遊樂場經常會看到一個小孩玩溜滑梯，

第三章　表達習慣篇：孩子的語言習慣裡藏著家長的養育模式

就會引來很多小孩過來搶著玩溜滑梯。有一群小朋友要逆行從溜滑梯底部往上爬，而另一群小朋友則要從上往下滑。他們發生衝突時，在上面小朋友的媽媽就跑過來指責：「溜滑梯不能從下往上玩！這點規則意識都沒有嗎？大人是怎麼教育的？」而在下面的小朋友愣了一下之後，就哇哇大哭起來。而有媽媽撐腰的小朋友則笑嘻嘻地從上往下滑了之後，又挑釁似的從下往上爬。眾目睽睽之下，這位媽媽又把自家孩子拉起來打一頓，嘴裡說著：「我叫你跟他們學壞！我叫你跟他們學壞！」

這位家長可謂是將指責的本領發揮得淋漓盡致。首先，她因為愛子心切，強行干涉孩子們的遊戲，並對其他孩子的家長都強加指責。我們都知道，三、四歲的孩子喜歡挑戰有難度的遊戲，對於溜滑梯能不能從下往上爬的規則並不完全理解。大多數家長都會教育孩子溜滑梯不能逆行，但是這並不意味孩子會完全聽從。其次，她因為怕丟面子，所以對自家孩子進行懲罰，同時還不忘繼續指責別人家的孩子。從她家孩子熟練地從下往上爬的動作來看，他顯然不是今天才學會的！而兩方的兒童都目睹了一場指責大會，他們的心理會發生怎樣的變化呢？首先，有家長撐腰的一方會看到，有人做靠山時可以指責別人，即便是自己的錯誤，也可以指責別人，因為有大人的支持，自己的力量會更強大。其次，另一方兒童則會對愛指責的家長產生怨氣，這種怨氣終將有個接收方——可能是比他們力量更弱的其他同伴，或是未給他們出面爭搶的家長。

第一節　指責：你怎麼這麼早就起床了

青少年時期的指責習慣及心理分析

　　心理學家皮亞傑認為青春期是孩子從具體思考到抽象思考過渡的階段。在這一階段，孩子有了自己的道德標準，也已經逐漸變得強大，不再局限於原先思想的束縛。在觀念上開始有了一些新的理解，對世界也有了一個新的架構想法。新思想的迸發，使得一些孩子常常希望在人群中脫穎而出，他們希望自己是眾人的焦點。同時，在家中他們也希望能夠更多地去表達自己的觀點，而這使得一些孩子常常與父母因為一些觀點上的分歧而產生爭執。在家長過度壓制的家庭環境中，孩子往往逐漸地不再表達自己的看法，開始變得喜歡循規蹈矩地做事情。相反的，一些孩子雖然受到家長的壓制，但是他們勇於鬥爭，打破了原有的家庭溝通模式，進一步找到了和家長更好的相處模式。

　　在上學期間，很多家長和老師都喜歡聽話、老實的孩子，因為他們能夠按部就班地根據長輩的安排來學習，很少反駁家長的意見。而打破傳統、特立獨行的青少年通常會被貼上叛逆、不服管教的標籤。這多少也有些不公平。

　　其實對一些家長來說，他們只不過是希望能夠用簡單一些的方式來教育孩子，因為過於繁忙的工作使得他們不願意回家再和孩子進行爭辯。但是現實生活卻顯示那些往往有所成就的孩子，在小時候並不是乖巧懂事的孩子。

101

第三章　表達習慣篇：孩子的語言習慣裡藏著家長的養育模式

想要養成不指責的好習慣，我們該怎麼做

第一，因勢利導，別唱反調壓制孩子，理解孩子的思考方式，培養孩子的思辨能力。

青春期的孩子特別希望自己的觀點能夠獲得別人的認可，因此他們賣力表現自己，甚至透過偏激的方式去證明自己。我們可以透過分析他們觀點中的細節，找出值得肯定的地方，並將他們過去做得好的地方指出來，讓他們看到，在家長或老師眼中，他們也是會被肯定的，是有希望的。這個自我評價對他們來說很重要。

第二，傾聽孩子，了解孩子的語言邏輯，引導孩子透過閱讀專業書籍，用科學知識來武裝自己的大腦。

一些家長在和孩子爭吵時發現孩子的反應速度越來越快了，常常會讓家長不知道怎樣來接這些話。每當這個時候，家長千萬不要大發脾氣，發脾氣會讓我們喪失對孩子的了解，還會讓孩子越發不喜歡和我們溝通。所以在這時，我們要盡量控制自己的怒火，從孩子的角度出發去思考這個問題。要理解孩子，他們已經有了自己的想法，不應該過度地強迫他們。

第三，給予孩子表達立場的機會。

常常有一些家長說孩子年紀太小，沒有辦法決定事情。一旦我們和這些家長溝通，建議他們拿一些小事來和孩子交流，

去感受一下孩子的想法和思想時,他們會意外地發現,其實孩子懂得的事情往往比他們想像得要多。所以,不要低估孩子的能力,在生活中盡可能多地給予孩子建言獻策的機會。做一些重大決定時也要參考孩子的意見,讓孩子知道我們是尊重他們的,同時也讓那些愛頂嘴的孩子擁有更多的思辨能力。

第四,以身作則,用積極解決問題的態度代替負面埋怨和指責。

遇到問題時,家長首先應找到問題的癥結所在,朝著問題解決的方向跟孩子溝通。這樣以解決問題為導向的態度會給孩子帶來正面的影響,孩子將來在生活中再次碰到類似的情形,就會學習父母這般積極處理問題的方式。

第二節　撒謊:騙孩子一時,會害了他一世

撒謊是普遍存在於兒童青少年身上的行為。很多家長遇到孩子撒謊,就如臨大敵,以為孩子變壞了,不知道該如何管教。還有一些家長為了防止孩子從撒「小謊」發展成撒「大謊」,甚至走上犯罪的道路,就在孩子撒謊時給予最嚴厲的懲罰。然而,他們卻沒有弄清楚,孩子為什麼會撒謊?撒謊的背後有哪

第三章　表達習慣篇：孩子的語言習慣裡藏著家長的養育模式

些心理因素？如何正確教導兒童青少年不要撒謊？下面，我們將從兒童青少年的不同年齡階段來探討這些問題。

嬰兒期的撒謊習慣及心理分析

我們在前文中多次提到，嬰兒期的孩子由於還沒有學會語言表達，所以經常透過大聲哭鬧來表達他們的需求，告訴父母或直接照料者「我餓了！」、「尿布該換了，我不舒服！」……然而有些家長在孩子哭鬧後發現，有時他們並非想要喝奶，尿布也沒溼。但是由於家長的積極關注，孩子逐漸停止了哭鬧，恢復了平靜，並且表現出了好心情。家長這才意識到，原來孩子是想要媽媽的關懷，才故意做出難受的樣子，於是開心地對著孩子說：「你這個小騙子，會騙媽媽了呀！」

嬰兒這種無意識的撒謊更多還只是一種條件反射。當他們餓了、睏了、身體不舒服時，他們本能地哭喊，如果每次哭喊都能引來大人的關注，並獲得食物和照料，那麼他們就會在下次感到莫名不舒服時，也採取同樣的策略——哭喊。因此，這時的哭喊看起來是「騙人的」，其實只是大腦的條件反射。正是這些「謊言」讓家長有機會看到孩子那些隱性的需求，如情感的渴望、莫名的煩躁等。

第二節　撒謊：騙孩子一時，會害了他一世

幼兒期的撒謊習慣及心理分析

嬰兒期的撒謊行為很好理解，正如嬰兒的大腦思想一樣簡單，相比之下，幼兒期的撒謊行為就比較複雜了。我們先來看一個案例。

奶奶帶著小齊在社區花園裡玩耍，小朋友們在一起吹噓自己的玩具。小齊說自己的太空梭能飛到太空，還能再飛回來。小晨則說：「這算什麼，我這個彈弓，一下子就能把你的太空梭打下來！」說著說著，兩個小朋友互不相讓，開始推來推去，逐漸發展成了「打架」，各自「掛彩」，最後不歡而散。回到家後，奶奶讓小齊把今天在社區花園發生的事情跟爸爸媽媽描述一遍，並作了一些「與小朋友友好相處」的教育。這時，小齊卻說：「沒有發生什麼。」，「什麼都沒有發生，我們不是玩得好好的嗎？」可是鼻梁上明明還有對方動手留下的痕跡。小齊為什麼撒謊呢？

小齊不願意跟家長說實話的行為，可以看作有意識的撒謊。因為他知道自己和別人打架是一件不被認同的事情，奶奶剛剛透過「教育」表達了這種觀點。他不希望爸爸媽媽就同樣的一件事情，再來責罵他一次，所以他拒絕說出事實，以為這樣就能避免被責罵。現實生活中，還有很多小朋友會因為擔心自己說出事實後，被家長責怪，甚至失去家長的疼愛，而選擇撒謊。

第三章　表達習慣篇：孩子的語言習慣裡藏著家長的養育模式

青少年時期的撒謊習慣及心理分析

最近，我注意到媒體上有兩個跟撒謊有關的熱門事件。一是某小學生憑藉「結直腸癌基因研究」的課題成果，獲得了青少年科技創新大賽的三等獎。二是有個 16 歲少女自稱每天能寫 2,000 首詩，並在一些會議上發表演講。前者小學生的家長已經公開致歉，表示孩子是無辜的，錯的是自己。而後者中 16 歲少女岑某諾及其家長都聲稱他們沒有撒謊，日均 2,000 首詩沒有問題，2,500～3,000 首也是有可能的，主要是看打字速度。

相信很多讀者看到這樣的新聞報導時，跟我一樣會感到驚訝且內心發出嘆息。小學生獲獎一事，撒謊的理由清清楚楚──為了給孩子的學習檔案增添亮點。家長恰好有資源，悄悄弄一個三等獎，不像特等獎那樣刺眼高調，但也相當夠分量。小學生本人在這件事件中恐怕只是一個被動的參與者，撒謊的是家長。而少女日均寫詩 2,000 首的傳說，則更加令人費解。透過對少女岑某諾及其家長的採訪內容、視訊報導等資料的分析，我們可以斷定虛榮心在這個撒謊事件中占有重要的比例。

青少年的撒謊是有目的、有意識的行為習慣。一旦他們的目標因為撒謊而達成，他們就會習慣性地將撒謊當作一種手段，去實現自己的願望。而這些目標可以簡單地分為兩類：一類是主動地追求某個具體的目標，如名氣、利益等；另一類是避開某些不好的東西，如家長和老師的責備、同伴的議論和社會的輿論等。

第二節　撒謊：騙孩子一時，會害了他一世

想要養成不撒謊的好習慣，我們該怎麼做

我們都知道，謊言是沒有辦法杜絕的。某些場合下，謊言甚至是被表揚的。如善意的謊言，英文叫做 white lie，是指出於某種善意的原因而說的謊言。父母一句謊言，讓涉世未深的孩子走回正道的故事也並不少見。因此，我們換個角度來看孩子的謊言，也就不能「一棍子打死」。引導孩子正確看待謊言，並理解謊言帶來的後果，是我們必須做好的事情。

第一，分清有意識撒謊與無意識撒謊。

兒童青少年的撒謊分為有意識撒謊與無意識撒謊，無意識撒謊主要出現在嬰幼兒期，但是在青少年時期偶爾也會出現，如青少年在情緒激動時，也會脫口而出一些子虛烏有的事情。而有意識撒謊是伴隨著個體的抽象思考發展，以及意識的發展而產生的。為了達到一定的目的，他們捏造事實。

如何解釋謊言的後果，對兒童青少年來說至關重要。他們在撒謊時，考慮過後果嗎？嬰幼兒顯然沒有，他們只是直覺地認為自己的謊言就是事實。而青少年則是有意識地撒謊，因此他們是有計畫的，知道撒什麼樣的謊能讓對方相信，也設想過如果謊言被拆穿，該如何應對。

因此，老師和家長在發現孩子撒謊時，不能只是一味地責罵他們，更重要的是去分析這種行為習慣的前因後果。在責備

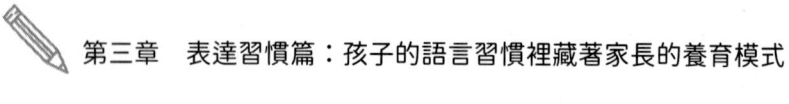

第三章　表達習慣篇：孩子的語言習慣裡藏著家長的養育模式

他們時要就事論事，指出他們計畫中錯誤的地方，以及可能會造成的後果，並肯定他們以前做得好的地方。這樣一來，孩子不會認為撒謊是個災難性的錯誤，自己的品格已經無可救藥，進而將錯就錯，用一個謊言去圓另一個謊言。

第二，分清主動撒謊與被動撒謊。

主動撒謊的孩子都是被迫的，而被動撒謊的孩子大都是有選擇的。為什麼這樣說呢？因為主動撒謊的孩子一定是長期生活在高壓的環境下，撒謊是他們學得的一種求生本領。通常父母會因為他們犯錯而給予嚴厲的懲罰，因此掩蓋錯誤也成了他們撒謊的主要動機之一。而被動撒謊的孩子很多時候是因為從眾而選擇了說謊。如果不附和家長或同伴而說謊，可能會被孤立，或是受到懲罰，因此他們選擇不說出真相而附和謊言。

對於主動撒謊，父母要注意自己的教養模式，老師要採取恰當的責備方式，給孩子勇於坦白的寬鬆環境，對孩子的錯誤就事論事，不能上升為人格方面的攻擊，以免給孩子造成傷害。而對於被動撒謊，父母和老師要多做心理建設，遇到類似情景有哪些求助措施，以及給孩子足夠的安全感和信賴，並透過在家庭、學校裡進行模擬練習，來幫助孩子加強這樣的信念，如「正確的做法沒有那麼難」，「情況並沒有那麼糟」，「爸媽和老師一定能幫助我」等。

第三，區別善意的謊言。

第二節　撒謊：騙孩子一時，會害了他一世

有時孩子撒的謊會讓人有點摸不著頭緒，明明是不需要撒謊的事情，為什麼不說真話呢？這時，我們就要考慮孩子是不是有什麼顧慮，或許這只是一個善意的謊言？我們來看一個案例。

小迪的媽媽跟同事炫耀小迪的英語已經學完分級閱讀第三級了，能夠獨立閱讀英文版的章節小說了。這時媽媽的同事問小迪：「平時是怎麼學習的？」小迪訕訕地說：「也沒怎麼學習，就是隨便看看。」媽媽一聽就火了：「我不是給你報了補習班嗎？還有線上課程，你姐不是還幫你加強聽寫了，這哪是你隨便看看就能取得的成績？」小迪拉了拉媽媽的衣袖，沒好意思再作聲。媽媽立刻會意了，原來這位同事的女兒因為上補習班的事情跟家長鬧得很僵，曾經離家出走。小迪是不希望媽媽的同事回家後再次因為報名補習班的事情跟孩子起衝突，才選擇了說善意的謊言。

第四，發揮榜樣的力量。

家長和老師要做好身教的榜樣，言出必行，言行一致。在遇到孩子撒謊時，正確解釋孩子的謊言中存在的問題，以及可能帶來的後果，無須將謊言的作用妖魔化，也不能無故將謊言美化。

第三章　表達習慣篇：孩子的語言習慣裡藏著家長的養育模式

第三節　隨意許諾：明天我一定帶你去玩

我們都在教育孩子要誠實，但是很多父母和老師自己卻忽略了這一點，經常給孩子隨意許諾，最後卻因為時機、環境等原因不能兌現諾言。孩子在希望落空後，免不了傷心失望、哭鬧不止，這時大人又再一次許下新的諾言……這無疑是雪上加霜。

多次被父母的諾言唬弄之後，孩子也學會了信口開河。因為在他們的意識裡，隨意許諾不過是個權宜之計，根本算不上什麼「騙人」或是「毀約」，每個人都有自己的「不得已」，他們的藉口跟父母之前的說辭一樣多。由此可見，隨意許諾對孩子的表達習慣影響很大，下面，我們來具體分析隨意許諾給兒童青少年成長的各個年齡階段的心理發展帶來的影響，以及怎樣做才能避免形成隨意許諾的壞習慣。

嬰兒期的隨意許諾習慣及心理分析

對嬰兒隨意許諾的成本是最低的，因為嬰兒還聽不懂父母的諾言。然而，家庭的語言習慣總是會形成穩定的模式，在嬰兒期習慣跟孩子隨意許諾的家長，很可能在接下來的階段繼續保持這個習慣。除此之外，在一些重大決策上，隨意許諾也可

第三節　隨意許諾：明天我一定帶你去玩

能會對孩子造成巨大的傷害。

　　優優的媽媽在優優剛學會說話時，就跟他反覆保證：「媽媽最愛你了，這輩子只要你一個寶寶就夠了，所有的愛都給你。」誰知，計畫沒有變化快，優優還不到一歲，媽媽就懷上了二寶，猶豫再三，媽媽決定將二寶生下來。這次媽媽再次跟優優保證：「儘管媽媽會給你生個弟弟或妹妹，但你永遠都是媽媽最愛的寶貝！」可是，二寶出生後，家裡照顧不過來，經過夫妻協商後，決定將優優送去托兒所。不到兩歲的優優經歷了什麼？先是被媽媽承諾他是唯一的寶貝，接下來雖然不是唯一，但仍然是媽媽最愛的寶貝，最後變成了媽媽「放棄」的寶貝。優優在托兒所經常流淚，老師都覺得優優似乎有很多心事，每天都望向門口，似乎在等著媽媽把他接回家。

　　媽媽一時的承諾在孩子心裡的分量有多重？為人父母的都能想像得到。孩子從出生開始，依賴的便是父母的愛。如果父母的愛不穩定，那麼，孩子就會失去安全感，對這個世界沒有信任感。既然父母說的話都不一定是真的，那麼還有誰的話可信呢？

幼兒期的隨意許諾習慣及心理分析

　　幼兒無時無刻不在觀察周圍發生的一切，他們會注意家人的聲音變化、服飾改變、心情轉變。他們透過自己的觀察總

111

第三章　表達習慣篇：孩子的語言習慣裡藏著家長的養育模式

結，不懂就問，再根據父母的回答來形成自己的世界觀。

有心理學家研究顯示，孩子在 3 歲這個年齡階段對大人說的話是堅信不疑的，即使大人說的是假話，他們也相信。父母說喝了「漂亮水」（其實是感冒藥）會變成最漂亮的小公主，愛美的小女孩一定會毫不猶豫地喝下。幼兒對這個世界的認知最初是來自父母，進了學校之後，又來自老師。因此，我們會觀察到，幼兒園和小學低年級的孩子是最崇拜老師的，老師的話在他們眼中是最神聖的。

幼兒園裡，張老師對小朋友們說：「只要你們表現好，每個人都能得到小貼紙。」小朋友們可高興了。到了放學時，有好幾個小朋友沒有得到小貼紙，他們眼巴巴地望著張老師，可是張老師卻說：「今天的小貼紙發完了，下次再給你們，你們要繼續乖哦。」小朋友聽了哇哇大哭起來：「不是說好每個人都能得到小貼紙嗎？」以後張老師的話，還要不要信呢？小朋友們感到很疑惑，不知道該如何面對老師，如何面對這個「說話不算數的世界」。

他們感到很失望，甚至難以控制自己的情緒。有的小朋友就開始在地上打滾，或者嚎啕大哭，怎麼勸都阻止不了他們宣洩情緒的行為。

他們很有可能會學到不守約定的行為。自己承諾好的事情，遇到困難，就想著其實也不必要一定遵守諾言。他們還會

第三節 隨意許諾：明天我一定帶你去玩

認為「約定」是可以隨意違反的，並且也不會帶來什麼不良的後果。長此以往，父母或老師不遵守約定的行為，不僅讓孩子不再信任他們，也會讓孩子自己變成一個言而無信的人。

家長或老師因為隨意許諾而失去權威。父母和老師本來在幼兒心裡是權威者，他們說的話都是真的，孩子通常會認為父母和老師可以解決一切問題。可是如果他們隨意許諾，又輕易破壞約定，那麼這種權威形象也就隨之瓦解了，將來也更難以取信於孩子。

青少年時期的隨意許諾習慣及心理分析

每當考試來臨，小楊的老師和家長就對他說：「考前好好複習，考完試就可以好好放鬆！」等考完試，他們又換了一種態度：「還不趁著剛考完試，好好回顧一下考試內容，加強複習，下一次才能考好啊，這時候怎麼能只想著玩？」截然不同的態度來自同一個人，真讓小楊有點崩潰，簡直讓人懷疑這個世界的真實性。

家長和老師最初的想法是出於好意，也許並非是欺騙，但是情景條件有所變化之後，他們可能認為需要改變計畫。聽起來似乎無可厚非，但是對小楊來說，父母和老師出爾反爾的做法實在叫人心寒，畢竟自己也沒有主動提出考完試要出去玩，既然父母和老師事先承諾了，後來卻又反悔，確實讓人感到很

第三章　表達習慣篇：孩子的語言習慣裡藏著家長的養育模式

沮喪。小楊的內心受到了很大的衝擊，他開始不信任父母和老師，凡事都要跟他們唱反調，以此來宣告自己的抗議——我也不是好惹的，不是讓你們想騙就騙的。

其實在這個事件中，老師和家長在承諾給小楊放鬆時，應該給出一個比較具體的方案，比如，給小楊完全自由兩個小時，或是看一場有教育意義的電影，而不是籠統的「放鬆」二字，讓小楊覺得可以「放任一回」。結果父母和老師根本不允許這種「放任」發生，讓問題存在誤解的可能、爭議的餘地。

想要養成不隨意許諾的好習慣，我們該怎麼做

如果我們希望孩子做到言出必行、實事求是，那麼就必須從以下幾個方面調整自己的言行。

第一，對兒童青少年做出承諾時，不要誇大，給出具體的界限。如「這個月我可以帶你去大型遊樂場玩一次，但是具體哪天去要看我的休息時間。我盡量陪你去，萬一我臨時有事不能去，那就請奶奶陪你去，或者等下個月再去」。

第二，自身做好榜樣，不輕易違反約定。如果真的不得已違反了約定，不要推卸責任，要誠懇地道歉。只有這樣，你的承諾才有價值。在孩子違反約定時，要理性地解釋清楚，不要誇大後果，要協助孩子做好彌補措施。

第三，不要輕易做出承諾，對於不確定的事情，不要急著

給出承諾，以降低將來違反諾言的可能。尤其是對於一項需要長期堅持和投入的請求，我們要冷靜分析其可行性，不要一時衝動答應孩子，事後想想不妥，又收回承諾。

第四，樹立家長和老師的權威，讓自己的承諾有價值，不要為了取悅孩子而做出違背自己原則的承諾。「你想做什麼都行」這種話是萬萬不要輕易說出口的，除非你真的能接受孩子帶著一群同學來家裡打遊戲這樣的事。

第四節 說髒話：那個孩子是傻瓜

使用優美的語言，說出得體的話，是我們希望孩子養成的語言習慣。然而，在實際生活中，我們看到不少孩子，包括幼兒期的孩子都在說髒話。那些聽起來與他們年齡並不相配的髒話是從哪裡學來的呢？老師會認為是家庭教育出了問題，家長則認為是在學校跟同學「學壞了」，其實說髒話背後有很多原因，並非由哪個單一的因素所引起。同一個家庭裡的兩個孩子，可能一個出口成章，另一個則出口成「髒」。同一個班級裡的孩子，可能有少數人髒話連篇，而大多數人並不愛說髒話。

下面，我們就來分析兒童青少年在成長期間是怎麼養成了

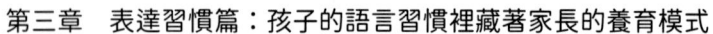

第三章　表達習慣篇：孩子的語言習慣裡藏著家長的養育模式

說髒話的習慣，以及其背後有哪些心理方面的原因，最後我們將探討如何改變孩子說髒話的習慣。

嬰兒期的說髒話習慣及心理分析

嬰兒處在一個學習說話的階段，周圍的語言是他們學習的第一手資料。在老人帶孩子出去玩時，經常會看到這樣的場景：幾個老人圍在一起對孩子說著難以入耳的粗話，還鼓勵孩子模仿。孩子顯然分不清這是惡語還是良言，他們的模仿引來大人們的一陣鬨笑，在孩子看來，笑是開心的表現，是正面的訊號，所以他們緊接著又努力地模仿那些髒話。反覆的練習讓這些髒話在孩子的腦海裡留下印記，形成了長記憶。將來遇到一些特定的情景時，孩子會不自覺地說出這些髒話，於是便養成了說髒話的習慣。儘管這時他還不知道自己在做什麼，是一種無意識的說髒話行為。

因此，嬰兒期的說髒話習慣主要來自家庭和社區的影響，他們說髒話的行為沒有目的性，只是一種自發的無意識行為。

幼兒期的說髒話習慣及心理分析

幼兒處於一個語言能力大爆發的階段，他們開始自己創造語言，周圍的語言環境就是他們提取學習資訊的資料庫。他們開始接觸影視作品，如卡通影片、兒童綜藝節目，他們模仿

第四節　說髒話：那個孩子是傻瓜

視訊裡的臺詞，或自己喜歡的某個角色說話的語氣。在幼兒園裡，他們與同學之間也會相互學習用語的習慣。在商場、社區，凡是能聽到的語言，他們覺得有趣的，都會在嘴裡念念看。即便是商區大螢幕裡的有聲動畫廣告，他們也會背得滾瓜爛熟。家長和老師的語言風格仍然在極大地影響著幼兒的語言習慣，但是已經不是他們語言學習的唯一來源。

幼兒說髒話是出於好奇、好玩的心理，大部分時候是沒有惡意的模仿。他們聽過此類的髒話發生在類似的情景，於是在相應的情景裡，他們會脫口而出。幼兒的髒話來自家庭、學校、社區、影視作品等，來源越多，越不可控。我們只能透過改變幼兒對語言的認知，幫助幼兒正確認知髒話的本質，才能教會他們不說髒話。如果這時候，家長和老師嚴厲責備甚至打罵他們，並不會發揮良好的效果，反而會讓幼兒更加執著地模仿說髒話。我們要做的是給幼兒分析說髒話時，給聽到話的人帶來什麼樣的感受，並引導他們換位思考：「如果別人跟我們說了這樣的話，我們會覺得開心嗎？」分清了良言惡語之後，再鼓勵幼兒做出正確的選擇。

青少年時期的說髒話習慣及心理分析

有的青少年說髒話是為了顯示自己成熟，或多或少帶有一些叛逆的色彩。小曼出身於書香門第，是一位長相清秀、穿著

第三章　表達習慣篇：孩子的語言習慣裡藏著家長的養育模式

體面、成績優異的中學生。她一到激動時，就會大聲的說：「我靠！真他媽的過癮！」遇到憤憤不平的事情，她更是會「問候」對方全家。小曼的這些語言行為讓家長覺得很頭痛，外人很容易認為小曼說髒話是大人沒教育好或是由家庭環境所造成的。可是小曼的其他家人，一直都是柔聲細語的，從未爆過粗口。小曼坦言道：「我不想做樣子、裝淑女，就這麼爺們地說話，這感覺才爽！」

「讓自己感覺爽」可能是很多青少年說髒話的直接原因，但卻不是本質原因。青少年注重自己在同伴心目中的印象，追求特立獨行、耍酷的個性。如果這個集體以說髒話、爆粗口為榮，其中的任一分子如果不加入這個「陣營」，就會被集體孤立。渴望得到認同，這是從眾心理使然。

而少數最先使用髒話的人，又是被什麼驅動呢？其實是獵奇心理在作祟。他們聽到一些「刺激」、「洩怒火」的語言，覺得能很好地表達某種具體的心情，便嘗試著去說。當他們說出這些「與眾不同」的話時，周圍同伴的起鬨與效仿，讓他們沾沾自喜。

同時，榜樣的力量在青少年的語言習慣養成中有著重要的作用。積極向上的偶像或榜樣會引導青少年養成良好的語言習慣。

第四節　說髒話：那個孩子是傻瓜

想要養成不說髒話的好習慣，我們該怎麼做

心理學家認為，語言習慣影響著孩子學習其他能力，如果孩子經常接觸社會上的負面資訊，有意無意地說髒話，對其形成健全的人格會有一定的負面影響。因此，父母有針對性的引導很重要，可以透過以下幾個方面來進行引導。

第一，用是非觀的教育代替盲目制止。

當孩子在你面前說髒話時，一定要及時制止。你的態度決定了孩子的下一步行動。如果你一開始就持反對態度，孩子會從你的語氣、表情和眼神中感受到自己的語言是不被認同的。但是，制止之後，要給孩子分析他所說的語言到底是良言還是惡語，然後讓他自己判斷該不該說這樣的髒話。大部分孩子說髒話時，並不知道髒話的具體含義和可能帶來的危害。因此，引導孩子明辨是非，建立正確的是非觀，養成良好的語言習慣，而不是隨波逐流，鸚鵡學舌。

第二，給孩子提供健康的語言環境。

孩子的模仿能力很強，電視、廣告中的語言都是他們學習語言的素材。這些是父母難以掌控的，但是我們至少要在家裡以身作則，畢竟要說模仿能力，孩子無疑是最強的。處於資訊時代，可供孩子觀看、模仿的東西很多，例如電視、電影、廣播等，其中難免存在不文明的語言，但這並不意味著父母無可

第三章　表達習慣篇：孩子的語言習慣裡藏著家長的養育模式

作為。在家以身作則，保持語言文明、行動文明，為孩子做好表率，提供一個良好的語言環境，可以大大降低孩子說髒話的機率。

第三，適度的懲罰讓孩子有敬畏意識。

如果你已經明確反對孩子說髒話的行為，且多次理性教育或警告，孩子依然我行我素、髒話連篇，你就該採取適度的懲罰了。懲罰不等於體罰，切記不能因為孩子說髒話而對他使用家庭暴力，要知道打罵孩子的行為比說髒話的行為更加惡劣。你可以取消原計畫給他的獎勵性活動。比如說，通常週六你們要去遊樂園玩耍，但是因為孩子說髒話的行為沒有得到改正，那麼這個週六我們在家待著反省，哪裡也不去。如果下一個星期，孩子表現良好，沒有再說髒話了，就可以考慮恢復獎勵性活動。

第四，不要過分關注孩子的髒話。

孩子有時說髒話，是為了吸引大人的注意，享受成為眾人關注焦點的樂趣。因此，你表明自己的否定態度，要求孩子停止說髒話之後，就不要再理睬孩子。讓孩子感受到，說髒話的人不受歡迎，甚至有點讓人討厭，他們自討沒趣之後，自然也會減少說髒話的頻率。尤其是青少年，本身他們說髒話就帶有一定的挑釁意味，想要宣告自己已經是大人了，可以模仿大人的樣子爆粗口，以此獲得同伴的認可。如果家長喋喋不休地說

教，會讓他們心裡暗暗得意：「我就是要這樣說，你能把我怎麼著？」大人聽到之後，表明了自己的態度後就把孩子丟在一邊，不去跟他們理論，反而讓他們很失落，下一次就會想換個方式去證明自己了。

第五節 語言暴力：孩子忽然說，我要「殺死」你

從尖聲吼叫到惡語詛咒，語言暴力充斥在這個社會的每個角落，即使是兒童青少年的生活環境也未能倖免。小小年紀嘴裡說的都是「再過來，我打死你！」、「去他媽的！」這些與他們年齡並不相符的髒話，如此的場景讓人彷彿看到了在他們稚嫩身軀下隱藏的惡魔身影。

兒童青少年使用語言暴力不僅會傷害身邊的人，也會使自己的內心扭曲，使自己成為沒有禮貌的孩子。他們是怎麼學會語言攻擊的呢？大人應該如何做才能教會孩子停止語言暴力呢？下面，我們具體分析在兒童青少年成長的各個年齡階段中語言暴力帶來的心理影響，以及怎麼做才能養成非暴力溝通的語言習慣。

第三章　表達習慣篇：孩子的語言習慣裡藏著家長的養育模式

嬰兒期的語言暴力習慣及心理分析

嬰兒會模仿身邊大人的語言，父母粗暴的態度、偏激的語言會影響孩子的性格和語言方式。尤其是當孩子犯錯時，父母的不當處理，如打罵教訓、溺愛驕縱，都會影響孩子的性格。打罵會導致孩子形成反抗心理，而溺愛驕縱則會把孩子變成無法無天的「小魔王」。

在這裡，我想分享一個故事。我在社區帶孩子時，經常看到一位爺爺帶孩子出來玩，他一手拿著手機，一手抱著孩子，而手機裡播放的經常是打打殺殺的戰爭片。「老子炸死你！」我經過他身邊時，曾經聽到視訊裡的人這樣大聲吼著。常日以這樣的「背景音樂」陪伴著孩子。如果遇到寵物狗從身邊經過，爺爺還會對著寵物狗做出槍擊的動作，然後自豪地跟孩子說：「別怕，爺爺已經幫你把狗狗打死了！」

即使不是直接對孩子使用語言暴力，在這種「磨耳朵式」的語言環境薰陶下，也足以讓這些語言暴力深深地植入孩子的大腦。再遇到相似的情景，大腦中控制語言暴力的機制就會迅速被啟動，甚至不用經過大腦再次加工，孩子就能脫口而出。

幼兒期的語言暴力習慣及心理分析

幼兒處在語言的敏感期，有人稱為「詛咒敏感期」。但並非所有孩子都會經歷這個時期，有的孩子會在年齡稍大一些時才

第五節　語言暴力：孩子忽然說，我要「殺死」你

進入敏感期。如果發現孩子經常愛說髒話、狠話，動輒蹦出打打殺殺的字眼，跟小朋友發生矛盾時，會在口頭上「置對方於死地」，那麼他可能正處於「詛咒敏感期」，家長和老師一定要注意教育引導。同時，我們要意識到這個時期是需要平穩過渡的，切忌「以暴制暴」。大人要克制自己用語言攻擊他人的欲望，不在孩子面前埋怨他人。

在孩子犯錯時，家長要用正確的方式進行管教教育，如讓孩子分析對錯，在一定的時間裡平復心情，並主動道歉。在日常生活中，家長多用優美語言稱讚孩子，讚美可以增加孩子的自信，帶動孩子的熱情，在享受這些美好語言的同時，也會潛移默化地接受和習慣正向的語言。

在孩子的是非觀還沒有完全建立時，家長要注意孩子玩耍的環境。如果孩子身邊的人經常吵架打罵、發動語言攻擊，那麼孩子長大之後也可能會養成用語言攻擊他人的壞習慣。

青少年時期的語言暴力習慣及心理分析

2019 年某日晚上，一個年僅 17 歲的孩子從大橋上一躍而下，鮮活的生命戛然而止。該少年是一名高二在讀學生，當天在學校裡和同學發生了一些矛盾，遭到責罵後，被其母親開車接回家。在回家的路上，母親沒有停止責備，中途甚至下車持續斥責他。就在母親準備駕車離開時，孩子卻突然打開了車門，

第三章　表達習慣篇：孩子的語言習慣裡藏著家長的養育模式

頭也不回地跑了出去，他決絕地跑到了高架橋邊跳了下去。而他身後的母親雖然用了最快的速度跑過去，卻沒來得及拉住孩子，只能眼睜睜地看著孩子從高架橋上墜落。看到孩子跳下去後，母親跪倒在地上，嚎啕大哭，但已然無濟於事。等警察趕到時，孩子早已沒有了生命跡象，母親的責備成了他在世間聽到的最後一段話，他決絕的背影將成為母親一輩子的傷痛。

這個悲傷的故事也許會讓父母們短時間內反思自己的教養方式，但是真正就此改變自己教育方式的家長可能沒有我們期望的那麼多。後續因為語言暴力而發生的悲劇新聞總是時常出現。語言暴力可能會引起青少年自殺、憂鬱、校園霸凌等，他們既是語言暴力的受害者，又是使用語言攻擊傷害他人的「劊子手」。

我們只有深刻理解青少年的心理特點，才能接納他們的全部，用語言暴力之外的方式來跟他們溝通交流。

青少年的第一個心理特點是喜歡封閉自己。主要表現為不願意跟大人交談，尤其不耐煩聽大人的說教，但這並不代表他們認為自己是完美的；相反，他們會在封閉自己時思考自己的缺點，對自己的家庭環境、人際關係、個人能力等方面存在很多負面評價。

青少年的第二個心理特點是反抗心理日漸強烈。他們想讓別人將自己當作成年人對待，可是事實上自己的能力卻沒有達

第五節　語言暴力：孩子忽然說，我要「殺死」你

到成年人的程度，因此他們會強行給自己找理由，用抬槓的方式來證明自己的觀點。

青少年的第三個心理特點是愛誇大事實。他們想讓別人覺得自己是非常了不起的，希望得到大人和同伴的認可。

青少年的第四個心理特點是情緒容易衝動。情緒敏感的他們，自尊心很強，容易使用過於激烈的語言，做出偏激的行為。

青少年的第五個心理特點是極具隱私意識。青少年開始有自己的祕密，不喜歡父母窺探自己的隱私和內心深處的故事。

因此，在青少年的心理防線被侵犯時，他們就會情緒激動，誇大自己受到的傷害，出現反抗心理，使用偏激的語言來反擊對方。如果這時父母和孩子唱反調，則相當於是火上澆油，很容易釀成不可挽回的後果。

想要養成不使用語言暴力的好習慣，我們該怎麼做

第一，運用暗示效應。父母的肯定與支持是孩子力量的來源。相反，如果父母否定孩子的一切，對孩子來說就是致命的打擊。因此，父母可以透過眼神肯定、擁抱安慰和卡片鼓勵等方式告訴孩子，儘管目前他遇到了一些困惑，但是他仍然有父母的愛和支持。正能量的鼓勵可以和負面的語言暴力與衝動相抗衡。

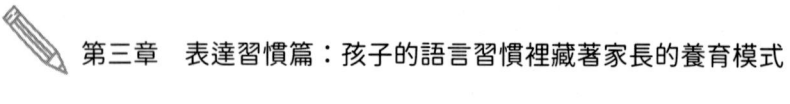

第三章　表達習慣篇：孩子的語言習慣裡藏著家長的養育模式

第二，善於觀察孩子的行為和情緒。父母要對孩子的行為進行仔細的觀察，總結觀察結果，但是不要輕易下定義。對孩子行為的責罵，容易引起孩子的反抗心理。詢問原因時，要順著孩子的情緒和思路，而不要利用家長的權威，用審判的眼光去剖析孩子的行為。

第三，善用同理心，理解孩子的感受。傾聽孩子，信任孩子。給予孩子時間和空間去消化自己的情緒，不要將自己的觀點強加給一個情緒正激動的孩子，耐心傾聽他的情緒宣洩，並從中分析孩子的心理需求。

第四，重視孩子的評價，並了解原因。孩子用語言攻擊同伴，必然是有其原因的，父母要了解真正的原因，從源頭去開導孩子，幫助孩子理清思路。

第六節　鬧情緒：不給就哭

兒童青少年的言語中有很多情緒的訊息，他們在高興時眉飛色舞，聲音婉轉清脆；在鬱悶時面如死灰，聲音有氣無力；在生氣時面紅耳赤，聲音粗聲粗氣；在委屈時淚流滿面，聲音哭哭啼啼。我們需要透過仔細觀察，才能辨別孩子的心情，針

第六節 鬧情緒：不給就哭

對性地給予支持和關愛。

對孩子情緒的漠視，或是對鬧情緒的行為一味地責罵教育，只會加劇孩子的情緒問題，並會惡化親子關係。鬧情緒的背後，一定都是有某些心理需求沒有得到滿足。下面，我們就兒童青少年在各個年齡階段中語言的情緒特點來分析其背後的心理需求，並談一談如何避免孩子過度使用情緒化的語言。

嬰兒期的情緒化語言習慣及心理分析

嬰兒的情緒比較直接，開心了就笑，不高興了就哭。在受挫時，哭鬧就會無休無止，需要照料者用心安撫。孩子在一歲左右再度產生分離焦慮，直接照料者，尤其是母親的離開會讓他們情緒崩潰，大哭大鬧，無法把家人的安慰和解釋聽進去。

很多媽媽在產假結束返回職場時會經歷這樣撕心裂肺的場面。媽媽上班快遲到了，孩子還表現出奶沒喝夠或是情緒崩潰、要哄要抱的需求。他們哭得肝腸寸斷，甚至吐奶，歇斯底里的樣子讓媽媽實在不忍心丟下他們。對，這就是他們哭鬧的目的——想要留下媽媽。因為他們還不理解，媽媽出去了還會回來。他們以為媽媽離開家門，就消失不見了。

因此，媽媽離開孩子的時間要由短逐漸變長，尤其是在孩子的分離焦慮期，可以透過多次的練習，讓孩子意識到，媽媽的愛和陪伴是長期的，不會因為出門上班而改變。

第三章　表達習慣篇：孩子的語言習慣裡藏著家長的養育模式

幼兒期的情緒化語言習慣及心理分析

　　4歲的小冉在搭積木時，一不小心把積木弄倒了，他便開始哇哇大哭，說：「倒了，倒了，怎麼辦呀？」媽媽趕緊來安撫他，說：「沒關係，我們可以撿起來重新搭一次。這是非常簡單的！」小冉哭得更大聲了：「我不想重新搭一次，我不想重新搭一次，嗚嗚……」媽媽迅速地幫他將積木搭起來了，跟他說：「你看，不是很快就搭好了嗎？為什麼要哭呢？」小冉還是沒有停止哭泣：「我就要哭！我就要哭！」然後一腳將媽媽剛搭好的積木踢翻了。

　　上面這個案例中，小冉說的每一句話都帶有負面的情緒。首先積木倒了，他有點沮喪，所以哭喊。哭聲引來了媽媽，小冉本想媽媽能安慰他一下，結果媽媽卻說「這是非常簡單的！」這對孩子來說其實是一個打擊。孩子覺得很難的事情，被媽媽評價為「非常簡單」，這讓孩子再次受挫。媽媽顯然沒有觀察到孩子情緒化語言背後的心理需求。緊接著，媽媽又犯了一個錯誤，她在孩子失敗過後，親自搭了積木，進一步證明了孩子的「無能」。小冉的情緒徹底爆發，大吵大鬧，還一腳將積木踢翻。

青少年時期的情緒化語言習慣及心理分析

　　青少年的情緒有著半成熟、半幼稚的矛盾特點，因此他們

第六節　鬧情緒：不給就哭

的情緒往往會表現出兩個極端，而在情緒影響下的語言習慣也表現出兩面性。

家庭教養好的青少年在日常生活中，往往性格溫和，語言得體。然而一旦遇到突發事件或心理挫折，他們又突然變得性格暴躁，蠻橫無理，拒人於千里之外。他們擅長掩飾自己的真實情緒，以偽裝的情緒獲得別人的認同。

原生家庭環境糟糕的青少年在日常生活中，可能會有兩極化的表現。他們要麼表現得乖張跋扈，用罵罵咧咧的行為發洩自己對家庭的不滿；要麼表現得乖巧懂事，言語間透著小心翼翼、謹小慎微而將情緒隱藏在內心裡。

想要養成不過度使用情緒化語言的好習慣，我們該怎麼做

第一，情緒調節，有章可循。

研究顯示，缺乏情緒調節能力的孩子更可能會對別人表現出對抗或攻擊性的行為，因為他們難以平衡自己內心的衝動。隨著年齡的增長，兒童青少年情緒調節的能力會逐步提高。家長可以給予他們正確的指導，像是告訴他們在感到憤怒時深呼吸；在衝動下想做重要決定時，先等待 72 小時；在想罵人時，及時替換有類似意思但是委婉得體的表達等等。

第二，不打不罵，共同解決。

第三章　表達習慣篇：孩子的語言習慣裡藏著家長的養育模式

在孩子使用情緒化語言時，不能粗暴地責罵，或想著如何糾正他的「問題」。實際上，孩子的問題很可能是來自家長的原因。因此，我們要本著共同解決問題的思路去跟孩子溝通，一起想辦法。我們可以在紙上寫下情緒衝動時刻的心理感受，如「當時我覺得喘不過氣來」，「當時我簡直想去咬他一口」等。找到心裡的感受，才能理解為何說話帶著情緒，然後我們才能針對性地調節情緒。

第三，換位思考，親子互動。

孩子處在嬰幼兒期時，還不能準確地表達自己的情緒。家長的同理心會比較困難，因此家長不妨換位思考一下，替代性學習孩子的經歷，想像孩子的感受，再與孩子溝通。在家裡不妨多與孩子玩角色互換的遊戲，讓孩子扮演老師和家長，自己演孩子，看看孩子經歷了什麼，他眼中的父母和老師又是怎樣的，這樣我們就不難理解孩子的語言習慣從何而來了。

第四，創造環境，持之以恆。

我們在談語言學習時，總是會提到「沉浸式的語言環境」，這是指學習語言就像海綿浸泡在水裡一樣，充分吸收水分。孩子在家庭、學校的語言氛圍裡，會養成這個環境所流行的語言習慣。因此，家長要不遺餘力地為孩子創造好的語言環境，以身作則，說話溫和有力度，不亂發脾氣，在孩子情緒化時，有足夠的包容心。

第七節 眼睛會說話：
你的回饋決定了孩子的語言色彩

什麼是語言色彩呢？語言色彩包括感情色彩、語體色彩和形象色彩。我們在本節中討論的主要是語言的感情色彩。說話者的內心情感會透過自己的語言色彩表現出來，同時，語言色彩又會影響聽話者的情緒。下面我們來看一個案例。

小明考試考得不好，媽媽生氣地說：「你真是太聰明了！這麼簡單的考卷你都能考砸，我覺得你簡直是天才！」雖然媽媽使用了「聰明」、「天才」這樣的褒義字眼，但是小明聽出了嘲諷，因為媽媽是在褒詞貶用。小明很傷心，感覺自己一無是處，自己丟臉，也讓媽媽丟了臉。

語言中的感情色彩可以成為一把利刃，傷害自己最親的人。小明的媽媽這種語言習慣是從小養成的，並非故意用來打擊孩子的，因為從小外公外婆對小明的媽媽使用的也是這樣的打擊教育。兒童青少年的語言色彩在養成習慣後會伴隨孩子的一生，因此，養成正面的語言色彩，是我們父母、老師的重要職責。

下面，我們來分析兒童青少年在各個年齡階段的語言色彩習慣及心理特點。

第三章　表達習慣篇：孩子的語言習慣裡藏著家長的養育模式

嬰兒期的語言色彩習慣及心理分析

8個月大的嬰兒已經能夠聽懂大人的話語，結合動作、手勢、表情，能夠理解大人的意圖。同時，他們也在努力地模仿大人的語氣、語態、身體姿勢、輔助手勢等，最終學會大人的語言色彩習慣。

小迪是一個早產兒，媽媽很早就開始對著她微笑，並逐漸與她說話，跟她說每一天的天氣、媽媽的開心事、爸爸的收穫以及小迪自己的成長。說這些話的時候，媽媽總是用一種開心的聲調，臉上堆滿笑容，用詞積極，讓人聽來就覺得很愜意。小迪剛開始根本沒有關注媽媽的語言，漸漸地，她開始注意到媽媽的嘴巴一張一合，接著，她的目光被媽媽的眼神所吸引。於小迪來說，媽媽的臉龐從一張模糊的影像變成了一種幸福的存在。不論她當天是否感到飢餓和寒冷，只要聽到媽媽充滿希望的聲音，她就會表現出平靜和滿足。

到七、八個月時，小迪已經能夠喊「爸爸」、「媽媽」了，最重要的是，不管她說什麼，都能看得出來她的情緒很樂觀。媽媽帶她在外面玩，因為小迪的笑容，很多人都會主動給她和媽媽讓座、提供幫助，小迪也總是會樂呵呵地回應一聲「謝謝」。媽媽幫助小迪養成了正向積極的語言色彩習慣，這會讓她終身受益。

第七節　眼睛會說話：你的回饋決定了孩子的語言色彩

幼兒期的語言色彩習慣及心理分析

　　很多老人帶孩子時都習慣扎堆聊天，他們聊著聊著，時而哈哈大笑，時而眉頭緊鎖，完全忘記了旁邊還有個孩子。如果孩子哭鬧抗議，他們會不耐煩地哄騙：「不哭不哭，有什麼好哭的，奶奶不是在這裡嗎？又沒走！」而全身心帶孩子的父母也不多見，低頭玩手機的現象很普遍。如果孩子跟大人訴說，自己的玩法多麼有趣，他們會敷衍地「嗯」一聲，打發孩子去一邊玩。一直低著頭看手機的他們自然看不到孩子的失落，孩子可能乖巧地走開，獨自悶悶不樂，也可能就地大鬧，拽著大人的手臂不肯放。

　　有位爺爺每次帶孫子出來玩時，一雙眼睛從未離開過孩子。孩子投籃時，他拍掌說投得好，孩子騎滑板車時，他叮囑別騎太快，讓讓旁邊的小弟弟。別的家長跟孩子聊天，他也關注著，必要時還要幫孫子贏點面子。這孩子性格外向活潑、對人有禮貌、樂於助人，與他爺爺給他正向的回饋是分不開的。

　　兩種截然不同的回饋，給兒童青少年的心理帶來了不同的影響。前者回饋會造成孩子語言上消極敷衍，後者回饋則會讓孩子養成樂觀主動的語言色彩習慣。

第三章　表達習慣篇：孩子的語言習慣裡藏著家長的養育模式

青少年時期的語言色彩習慣及心理分析

前文中，我們提到了青少年的語言具有矛盾的兩面。他們已經有了較高的語言認知程度、修辭水準，因此，他們的語言色彩更加豐富自然。

玲玲在會考前夕，被媽媽倒車時意外撞倒，雖然如期參加了會考，但是成績遠不如正常水準，與她夢想的前三志願高中失之交臂。媽媽愧疚地跟她道歉，她冷冷地說：「道歉能給我加一級分嗎？」爸爸跟她商量，要不要去讀私立國際學校以「彎道超車」，她鄙夷地說：「你以為有錢就能買到一切嗎？」國中班主任安慰她說：「以你目前的成績，上個中等以上高中還是有希望的，別灰心，站起來，重新開始！」可是她陰陽怪氣地說：「這是在可憐我嗎？好歹還有個地方收留我這種垃圾！」

玲玲的語言裡充滿了痛苦和絕望，以至於不能正確理解父母和老師的苦心勸告。顯然，在父母和老師看來，玲玲並沒有到走投無路的地步，她仍然可以進入排名靠前的高中，或是讀私立高中的國際班，照樣可以完成上國立大學的夢想。可是，他們忽略了一點，那就是少女的夢想。玲玲的夢想是先上前三志願的高中，然後進入國立「中」字輩以上的大學。這不是什麼「彎道超車」、「曲線救國」的說辭可以輕易抹去的。更何況，父母和老師平時不也一直說要堅守初心嗎？玲玲的冷嘲熱諷將父母和老師拒之門外，也就更加缺乏溝通傾訴的對象，玲玲越

第七節　眼睛會說話：你的回饋決定了孩子的語言色彩

想越絕望，每一次冷漠絕望的語言，都會加深她內心的痛苦。

語言色彩可以給人帶來快樂，也可以讓自己深陷泥潭，越掙扎陷得越深。養成正面積極的語言色彩習慣，可以提高生活的幸福感。

想要養成正向的語言習慣，我們該怎麼做

第一，從小培養孩子熱愛閱讀的習慣，在選擇讀物時，要引導孩子選擇正能量的文學作品。市面上很多「非主流」小說，充斥著絕望、不平、厭世的情感色彩，要避免讓孩子接觸。我們小時候讀過《汪洋中的一條船》，鄭豐喜逆境求生的精神對我們觸動很大，以至於幾十年後想起來，猶如一盞明燈照亮著人生之路。有些所謂的文學作品，劇情動輒有關自殺、危險、絕食等，就要注意辨別。

第二，注重情感引導，達到親子共鳴。在兒童期，情感引導能做到較好、較快的溝通效果，然而在青少年時期，情感引導的方法似乎沒有那麼容易奏效。這是為什麼呢？究其原因，還是父母或老師的目的性太強，被孩子敏感地捕捉到了他們言語背後的用意，結果造成新的反叛心態。其實在青少年時期，想要與孩子達到情感共鳴，最重要的是少說多做，用自己的正能量行動來感染孩子，用默默的支持給孩子安全感。

第三，做終身學習者。不論是大人還是兒童青少年，都會

第三章　表達習慣篇：孩子的語言習慣裡藏著家長的養育模式

因為他人的語言而悶悶不樂。只有不斷學習調節情緒的方法，不斷提高自身駕馭語言的能力，才能應對這些突如其來的語言傷害。

第四章
學習習慣篇：
好習慣讓你事半功倍

第四章　學習習慣篇：好習慣讓你事半功倍

第一節　玩手機：手機不是洪水猛獸

隨著現代科技的發展，發達的網路和頻繁更新換代的手機都是擺在我們眼前的「誘惑」。以學習之名，兒童青少年開始擁有手機的年齡越來越小。手機成癮的孩子彷彿成了社會的一道「傷疤」。我們有多少次聽到有兒童因為玩手機，與家長發生矛盾，進而發生悲劇的新聞？

關於孩子使用手機的問題，研究顯示，手機成癮的孩子中，有90％都來自教育方法有問題的家庭。他們當中的大多數人表示自己無法與父母溝通。而父母則認為孩子對手機的痴迷讓人無法理解，甚至對此異常憤怒。事實上，手機不是洪水猛獸，關鍵在於父母如何指導孩子正確地使用手機。從嬰幼兒期的繪本故事到青少年常用的學習應用，手機上有豐富的學習資源，這是為什麼父母會提供手機給孩子。而從孩子的角度來看，手機上有遊戲，有設計軟體，有娛樂視訊，這些都是讓他們放鬆的好方式，於是他們漸漸離不開手機了。

下面，我們來探討兒童青少年在學習過程中如何養成正確使用手機的好習慣。

第一節　玩手機：手機不是洪水猛獸

嬰兒期的正確使用手機習慣及心理分析

很多父母抱著不讓孩子輸在起跑點上的心態，在孩子還沒有學會說話之前，就開始給他們看平板電腦或手機上的卡通影片、音樂短片等，甚至讓孩子用手點選螢幕。孩子看到螢幕顏色的變化，經常會發出笑聲，父母認為這是一種新型態的學習方式。

當孩子到了 8 個月，開始會一些疊詞，有些父母就安排了線上的早教課程，讓孩子跟著手機螢幕另一端的老師練習說話、唱歌，甚至說英語。大部分孩子對這些是不感興趣的，而作為交換條件，在完成課程之後，他們會獲得自由玩手機的時間。有些父母，尤其是祖輩帶孩子外出散步的，他們自顧自地走路，嬰兒車上的孩子手裡拿著手機，看著卡通影片，不吵不鬧，倒是一幅祥和的景象。

嬰兒期抱著手機長大的孩子，接下來的人生可能很難離開手機。他們已經習慣了學習要找手機，玩耍要找手機，手機就彷彿是他們身上的第六器官。而現在主動給孩子提供手機、哄孩子在手機上學習的父母，將來可能會阻止孩子使用手機。盲目地認同線上學習，不顧保護嬰兒的視力，可能會讓孩子跟父母都付出慘痛的代價。

第四章　學習習慣篇：好習慣讓你事半功倍

幼兒期的正確使用手機習慣及心理分析

　　很多父母由於忙於工作，沒有時間陪伴幼兒期的孩子，就會給孩子扔一部手機或者平板電腦，讓他們在手機上看看卡通影片、短篇視訊，或是看看線上繪本、識字 APP 裡的課程。這個階段提供手機給孩子的父母分為兩類：一類是沒空搭理孩子，用手機換取自身的自由，孩子玩手機時，不會來打擾自己加班或休息。這一類父母，可以用不稱職來形容，他們沒有與孩子深度交流，沒有幫助孩子管理時間，反而逐步地將孩子拉入一個手機成癮的深淵。另一類是以手機為媒介，安排孩子學習識字、擴散性思考、練習英語等。只要時間管理得當，養成健康用眼的習慣，並保證充足的戶外鍛鍊和實體書籍閱讀的習慣，手機對這些孩子來說，就僅僅是生活中的一小部分，是可替代的學習工具。

青少年時期的正確使用手機習慣及心理分析

　　手機對青少年來說，用途更加廣泛，如學習、娛樂、交友、遊戲等活動，都可以用手機上很多吸引人的應用軟體來進行。網路課程快捷便利，學生足不出戶，就可以享受到全球各地的優質教學資源，越來越受到人們的接受與認同。影視資源透過設定會員制度，將熱門電視劇、電影和綜藝節目等炒得火熱，青少年又有較明顯的從眾心理，因此一個熱門節目流行起

第一節　玩手機：手機不是洪水猛獸

來，即便躲在被窩裡也要看完，否則第二天就沒有談資。從各式各樣的通訊平臺，如 Line、IG、Threads，到臉書，以及各種論壇，青少年的交友範圍越來越沒有邊界。

大人看到孩子將手機的功能發揮得「淋漓盡致」時，不免感嘆，「哪來那麼多心思搗鼓手機呢？」是的，青少年的心思是最讓人捉摸不透的，但是他們關上房門，拒絕溝通卻是有原因的。

首先是情感的隔閡。青少年認為父母眼裡只有成績，他們看不到或不重視自己的煩惱和困惑，因此他們渴望得到理解。既然在現實生活中無法實現這一願望，那麼就只能在網路世界中去尋找「知心人」。

其次是時間管理的漏洞。青少年的自控力還不成熟，時間管理能力較差。有些家長就只是在發現孩子沉迷於手機時硬生生地將手機收走，這會加重孩子的反抗心理，使他們在家長看不見的地方變本加厲地玩手機。

過度使用手機的危害是一目了然的，如學習成績下降、注意力受損、家庭情感交流缺失等。因此，引導孩子正確管理手機是一件刻不容緩的大事。

想要養成不沉迷於手機的好習慣，我們該怎麼做

第一，加強情感溝通。家庭是社會的樞紐，孩子的社交能力是家庭培養出來的。父母要多花時間與孩子相處，在他們需

141

第四章　學習習慣篇：好習慣讓你事半功倍

要傾訴時耐心傾聽而不是居高臨下地責罵。家庭的溫暖能夠逐漸將沉迷於手機的孩子從虛擬世界拉回到現實生活中。有研究顯示，從虛擬世界中走出來的孩子通常會感到失落和愧疚，感覺自己浪費了很多時間，但是他們不會說出來。因此，家長大可不必在這時跟孩子翻舊帳，提醒他們浪費過多少時間。

第二，教給孩子管理時間的技能。孩子在幼兒期，家長限制孩子玩手機，甚至不給孩子碰手機，短時間內是奏效的。但是當孩子進入青春期，他們壓抑許久的玩手機欲望會爆發，這時家長再想強行壓制就無法發揮作用了。因此，我們要培養孩子管理時間的技能，減少不必要的上網時間。只有當孩子自己了解到時間如何支配最有意義，並追求這種價值觀時，才能避開沉迷於手機的大坑。

第三，多組織戶外活動、科學研究活動等，滿足孩子的好奇心。孩子無法放下手機，不單是因為心裡空虛，還有探索外部世界的好奇心。現在越來越多的家庭將孩子關在家裡學習，學校和家兩點一線的生活方式讓孩子的好奇心得不到滿足，因此，他們只能走進虛擬世界去尋找新鮮事物。家庭旅行、探訪展覽館、去社區服務中心當志工等活動都可以滿足孩子的好奇心。

第二節 早教誰來教：
不輸在起跑點上的口號

為了不讓孩子輸在起跑點上，很多新手媽媽在孩子出生前就預訂了早教班。等孩子學會了獨立行走，各種才藝班、學習班的宣傳單就如雪片般紛紛飛到了家門口。據統計，北部及都會地區的幼兒平均每人報 4 個輔導班，而到了青少年階段，這個數字可能會達到 7 個。彷彿只要想讓孩子學點東西，我們首先想到的就是去報名補習班。而參加補習班也是一門大學問，報名得合理，可能會有幫助，而報名安排的不恰當，則可能會適得其反。

下面，我們將從兒童青少年成長的各個年齡階段來具體分析「不輸在起跑點上」這個口號給孩子帶來了怎樣的影響，以及探討想要養成好的家庭教養習慣，我們該怎麼做。

嬰兒期的早教習慣及心理分析

社群裡有人發送兩、三個月大的孩子學英語的視訊，老師一邊說著「fly，fly（飛行）」，一邊將孩子的手臂來回擺動著，做出揮舞雙臂的樣子。我不禁產生疑問；兩、三個月大的孩子知道什麼是飛行嗎？如果不知道，那麼揮舞雙臂和 fly（飛行）之間能建立連繫嗎？這顯然不是有效的早教課。早教應該由誰來教？教什麼？這是急待弄清楚的問題。

第四章　學習習慣篇：好習慣讓你事半功倍

　　3歲以下的孩子還沒有形成邏輯思考，他們只是機械記憶大人重複過的內容，因此，沒有必要對嬰兒期的孩子傳授所謂的「知識」。如數數，他們可能會機械地按順序從1數到10，但是他們並不理解為什麼1後面是2，2後面是3。因此，沒有必要過早地教孩子這些超出能力範圍的知識。

　　嬰兒期早教的主要任務是鍛鍊孩子的身體和培養孩子的好性格。爬行訓練可以鍛鍊孩子的腿部肌肉，增強手臂力量，親子對話有助於孩子的語言發育，節奏鮮明的音樂能培養孩子的韻律感，遊戲互動能幫助孩子培養空間知覺。早教班的另一個功能是孩子們之間的交流。同齡人之間有自己的交流方式，經常和別的孩子一起玩的孩子性格更開朗。孩子們之間互相搶玩具會讓孩子體驗挫折，學會堅強。

　　嬰兒期早教要避開的雷區也有很多。比如，為了完成早教課，叫醒還在熟睡的孩子；為了全方位培養孩子的才能，將早教課排滿一整天；還有帶著功利心送孩子去早教班。這些都是不可取的。

幼兒期的早教習慣及心理分析

　　幼兒的思想發展開始逐漸從具象思考過渡到抽象思考了。這個過渡所需的時間因人而異，有的孩子在幼兒園大班時就已經能夠很好地進行一定的抽象思考，而有的孩子到了小學三年

第二節　早教誰來教：不輸在起跑點上的口號

級，還對邏輯運算一竅不通。

小輝的父母為了讓他提前適應小學的學習環境，在幼兒園中班時就給他報名了幼小銜接班。每天放學後，小輝就被送去幼小銜接班練習寫注音、算加減法。小輝覺得痛苦極了，他覺得自己怎麼寫也寫不好那些注音符號，他經常將注音寫得歪七扭八。而算術更是讓他頭痛，小輝早已會數到100，現在父母如果再讓他當著親朋好友的面前數數，他就會本能地拒絕。本來活潑好動的孩子，上了一個月的幼小銜接班之後，每天放學後就開始低著頭走路，有時還經常尿溼褲子。

小輝的父母顯然是忽略了孩子思想發展的特點，在孩子處於具象思考期間強行灌輸抽象思想知識。這只會打擊孩子的自信心，消磨孩子的學習興趣，對孩子的心理造成傷害。而那些強行灌輸的知識，由於不理解，很快就會忘記。真的是得不償失！其實在幼兒期，如果家長一定要給孩子報名各種班別，可以選擇孩子喜歡的舞蹈班、積木班、口才與演講說班之類的才藝班，讓孩子寓教於樂，沒有任務和壓力，只是單純地培養興趣愛好。

青少年時期的早教習慣及心理分析

通常，小時候學寫字都要單獨報個課輔班的孩子，長大後，都需要搭配課外補習班。這是為什麼呢？難道是說成績差的孩

第四章　學習習慣篇：好習慣讓你事半功倍

子，一直都會成績差嗎？並非如此。事實上，從小用課輔班「餵大」的孩子裡也有成績不錯的，問題在於報課輔班展現了家長的焦慮情緒，讓孩子養成了被動的學習習慣。

首先來說說家長的焦慮情緒。很多家長在孩子一次考試不理想時，就急得團團轉，自己又使不上力，只能趕緊找課輔班，希望有一個地方如廣告所說的那樣，能夠改變自家孩子的學習習慣，讓孩子由「學渣」變成學霸。

然而，孩子被動的學習習慣當真這麼容易就改掉嗎？顯然沒有那麼容易。如果你從第一章讀到這裡，你應該已經很清楚一個好習慣的培養需要社會、學校、家長和兒童青少年自己的共同努力。青少年的主動性是必要條件之一。遇到問題，家長沒有冷靜分析問題產生的根源，而是粗暴地送孩子去補課，其結果可想而知。

相反，如果青少年本人意識到自身知識體系有待彌補，自學時間又來不及，主動要求補習，那麼家長可以幫助選擇師資，選擇合適的課輔班幫助孩子做好查漏補缺。

想要養成理智報名的好習慣，我們該怎麼做

第一，尊重心理發展規律。每一朵花都有自己的花期，每個孩子都有自己的成長節奏。我們不能因為「別人家孩子」不同尋常的才華，而將自己的孩子送進所謂的「夢工廠」。揠苗助長

第二節　早教誰來教：不輸在起跑點上的口號

和「傷仲永」的故事我們都聽了很多，但仍然有父母不甘平凡，想要「締造神話」。那麼，我建議這些父母從基礎出發，將現階段孩子喜歡的事情做到極致。比如，孩子喜歡跳舞，那就陪他跳跳舞，將跳舞練習到一定程度。有些孩子喜歡玩溜溜球，那也可以透過學習和練習，將孩子培養成溜溜球專家。只要他們願意玩，願意深究這些遊戲背後的技巧。不要強迫愛跳舞的孩子去學畫畫，不要強迫喜歡玩溜溜球的學生去學游泳。

　　第二，充分發揮主動性。當孩子想學什麼技能的時候，我們首先要分析，這個技能是否只能透過補習來學習？補不補習的學習方式於孩子的學習效果來說，有什麼區別？我們會發現補習可能會有一定的系統性，缺點是補習班的學生程度參差不齊，而個別輔導的費用又太高。不報補習班則需要家長主導，帶著孩子查詢資料、尋找書籍、觀看視訊，或搜尋其他網路資源，讓孩子透過模仿學習，也可以說是自學。自學的優點在於充分發揮孩子的主動性，滿足了他們探索世界的好奇心；不足之處是可能會存在一些知識死角，需要在時間的驗證下逐漸完善。

　　第三，善於總結與反思。補習之後，如果孩子取得了進步，我們就要關注方法論。試著思考以下問題：老師是用什麼方法教會了孩子這些內容？我們有可能自己在家裡學會嗎？或者，我們有可能透過同伴教育學會嗎？只有這樣，我們才能避免以後事事補習，將學習的主動權還給孩子自己。

第四章　學習習慣篇：好習慣讓你事半功倍

第三節　高效課堂：心智圖為什麼這麼熱門

心智圖，是一種將思想具體化的方法，它透過運用圖文並重的技巧，把各級主題的關係用隸屬於相關的層級圖表現出來，把主題關鍵詞和影像、顏色等建立記憶連結。心智圖充分運用大腦的左右半腦的機能，利用記憶、閱讀、思考的規律，協調人們在藝術與科學，想像與邏輯之間的平衡發展，進而將人類大腦的無限潛能開發出來。

說得簡單一些，心智圖就是將人的大腦裡思考過程用圖表的形式表達出來。兒童青少年在心智圖的學習中則是相反的過程，他們是透過心智圖的圖表，將具體化的資訊內化為抽象化的思想。大人聽起來都有些摸不著頭緒的心智圖，該如何從孩子抓起呢？

嬰兒期的心智圖學習習慣及心理分析

小明才 6 個月大時，奶奶就帶他看有各種顏色和圖形的卡片。看了一段時間之後，奶奶又開始給他看同顏色或同形狀的實物，如紅色的卡片旁邊放一個紅蘋果，圓形的卡片旁邊放一個乒乓球。等孩子稍微大一點，可以帶到社區附近散步時，奶奶又開始教孩子認識樹葉；認顏色時，會先指出綠色的樹葉，

第三節　高效課堂：心智圖為什麼這麼熱門

然後再在孩子的衣服上尋找綠色，辨識成功時，孩子總是露出笑容。等孩子再大一些，他們會透過口頭的表達，總結綠色的東西裡面能吃的有哪些，不能吃的有哪些。

這些活動的本質其實就是心智圖。透過反覆具體地呈現資訊，比如，顏色、形狀，幫助孩子記憶。而當孩子的大腦已經儲存了一定的資訊之後，再透過分類總結，如「能吃的」和「不能吃的」，對大量的資訊進行歸類儲存，繼而變成長時的記憶。不得不說，透過心智圖的方法，小明的資訊整理能力有了進步，記憶力方面也表現出了一些優勢。

幼兒期的心智圖學習習慣及心理分析

前面，我們談到了家長透過心智圖來幫助嬰兒加強記憶。這個過程其實是無形的，奶奶沒有給小明刻意畫個圖形，展示實物的形狀和卡片內容之間的連繫。因為這個時期的嬰兒還不能動手畫圖，也看不懂抽象的圖表。

到了幼兒期，經過在幼兒園的學習，很多幼兒已經具備了簡單的作畫能力。因此，他們有能力畫出簡單的心智圖。

小齊的幼兒園每個星期都會發一份營養食譜，涵蓋了每一天的三餐三點。為了記住每天都有哪些好吃的，小齊就在家裡的冰箱上歪歪扭扭地畫下了早、中、晚吃的食物，而在早、中、晚餐的空隙，還補充了上午課間的水果、午飯後的飲品和

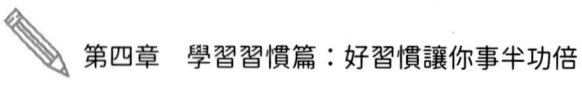

第四章　學習習慣篇：好習慣讓你事半功倍

下午課間的點心。他的畫功還很稚嫩，因此經常只有他自己才能看懂明天吃什麼。但是，有了這個自制的圖表後，他再也不需要問：「媽媽，明天在幼兒園吃什麼？」

平常我們讀完繪本，孩子會喜歡用自己的方式畫個圖把故事再呈現出來，但他加入了自己的理解，等於是再創造，他會告訴我們，如果改變了其中一個故事的前提條件，故事主角會有什麼不一樣的遭遇。這些都是心智圖帶給他的思考和收穫。

青少年時期的心智圖學習習慣及心理分析

嬰幼兒用心智圖在學習上小試牛刀之後，會意識到擁有好的學習習慣往往能事半功倍。青少年的學習任務非常繁重，他們往往覺得時間不夠用。學習的內容很多，需要靈活運用的知識重點更多，因此也就亟須用心智圖來整合核心知識。

小文總能在繁忙的考試週期擠出時間去打球，同學問他：「歷史背完了嗎？英語單字記住了嗎？往年的考古題都做完了嗎？」小文輕鬆地說：「我用心智圖將每門功課都做了一個知識體系，因此記得更牢。」每門功課的知識體系猶如一棵大樹，有樹幹、樹枝和樹葉。每片樹葉猶如獨立的知識要點，我們可以順著每根樹枝去整理所有的樹葉。這難道不比將所有的樹葉扯下來放在同一個籃筐裡要更好認、更好記嗎？

心智圖能幫助青少年整理知識重點，建立知識體系，加深

對知識的理解和記憶。但是我們常常會陷入一個誤區，有些青少年因為懶惰，自己沒有整理知識重點，習慣做一個「伸手黨」，直接把別人整理的心智圖複印一份拿來背誦記憶。這種走捷徑的心態是要不得的，要知道心智圖是先有思考，後有導圖，再根據導圖整合思考。這是一個完整的後設認知過程（即對自己內部認知活動過程的認知，以及對此所做的了解和彙整），帶有一定的個別差異。複製別人的心智圖，其實是一知半解的，主要還是依靠死記硬背，效果自然大打折扣。

想要養成好的思考習慣，我們該怎麼做

想要養成好的學習習慣，善用心智圖，我們要從小開始就養成獨立思考的好習慣，培養書面表達能力。對此，我有以下幾點建議。

第一，明確兒童青少年在學習過程中的主體地位。心理學上，建構主義學習理論認為，學習者在接受知識的同時，還需要主動建構對這些知識的理解。只有經過這一生成過程，知識才能獲得具體的意義，已有的知識才能在其後來的學習中發揮作用。因此，父母和老師需要關注兒童青少年的學習主動性，重視他們自身的領悟、理解和推理在學習中的重要作用。

第二，教給兒童青少年後設認知策略。心理學家維特洛克透過大量實驗研究發現，在學習過程中，每個學生所採取的後

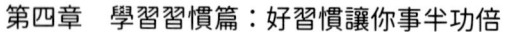

設認知策略是不同的。因此，在進行心智圖時，同一個班級的同學可能會畫出不一樣的心智圖。父母和老師要教會兒童青少年如何進行後設認知，以及在不同的情景中應採用哪種後設認知策略。

第三，善用知識遷移。美國學者羅耶提出，人類是以一種系統的方式儲存和提取資訊，而知識結構的體系並非一成不變。因此，領會是學習遷移的必要條件。領會是什麼意思呢？其實就是我們所說的理解。在理解的基礎上，兒童青少年使用心智圖將知識點的記憶脈絡具體地畫出來，結合實際的範例，能更好地整合記憶知識要點。如果沒有領會知識內容，只是機械地背誦知識重點，則會導致學習效率低下。

第四節 提問與討論：
提問讓你理解得更深入

在課堂上，很多時候老師問學生：「你們有什麼問題嗎？」學生的表情往往都是一臉茫然，不知道該提什麼問題。不提問題，並不代表知識重點都理解了。恰恰相反，發現問題並提出疑問，才是真正的學習。帶著問題去思考，與老師、同學討論問題，才能讓學生深入地理解知識重點，系統性地牢記知識重

第四節　提問與討論：提問讓你理解得更深入

點。如果學生對於某個學習知識要點沒有任何見解，不是因為自己頭腦中存在認知「裂縫」而產生求知欲望、提出問題，那麼他的學習僅僅是一種複製，而不是自主的、自覺的學習。

提問實際上是一種批判性的思考過程，是學習過程中必不可少的部分。想要孩子擁有善於提問的好習慣，我們要從嬰幼兒期就開始培養。下面，我們來具體分析在兒童青少年成長的各個年齡階段該如何養成愛提問的好習慣。

嬰兒期的提問習慣及心理分析

前幾天，我去參加了一位友人的生日派對。派對上，有一個剛滿一歲的嬰兒，她對派對上的一切都感到好奇，圓圓的眼睛裡寫滿了疑問。她的父母看到她一臉緊張的表情，以為她被這個場面給嚇到了。當我指著蛋糕向她介紹這是一個生日聚會時，她開始被我的聲音所吸引，看到我拍手唱生日歌時，她似乎懂了這一大屋子人到底在幹什麼，面部表情逐漸放鬆了下來。

嬰兒的腦海裡裝著很多問題，但是他們還不能用語言完整地提問。因此，他們可能皺眉或做出吃驚的表情，甚至是啼哭來表達他們的不理解。很多父母會忽視嬰兒所提出的問題，讀不懂他們的疑問，或是不在乎他們的困惑。父母的忽視對孩子的傷害很大，影響深遠。在孩子大一些之後，有些父母向孩子問題時，孩子也愛搭不理的。父母還不明白為什麼孩子不回

第四章　學習習慣篇：好習慣讓你事半功倍

答，其實根源就在自己身上，孩子只是模仿了大人對別人的問題視若無睹的做法。

嬰兒的提問如果得到了父母積極的回應，他們則會更踴躍地去探索世界、觀察身邊的事物、發現更多的問題。這些思想活動會促進嬰兒的大腦發育，有父母積極回應的嬰兒往往表現得更聰慧。

幼兒期的提問習慣及心理分析

大多數孩子到了幼兒期，都會變身「好奇寶寶」，腦袋裡裝著「十萬個為什麼」。從火箭為什麼能發射升空，到自己今天為什麼要穿這件衣服，他們總是追著爸爸媽媽問著各式各樣的問題。面對孩子的提問，父母畢竟不是百科全書，很多時候答不上來；有時即便給出了回答，又會引出孩子的新問題，實在難以招架。

孩子對什麼事情都覺得新鮮，這樣的新鮮感能鼓勵孩子的好奇心，激發孩子想要探索答案的學習動力。除了對自己親眼所見的東西感到好奇，想像力豐富的孩子還會對未知的世界充滿疑問。火箭升空之後會不會在半路上碰到外星人呢？明明天空是藍色的，為什麼下雨時就變成灰色的呢？不同的問題，展現出孩子在思考能力和想像力上的差異。想像力豐富的孩子容易從普通的事物裡看出不一樣的新鮮事物，產生不一樣的想

第四節 提問與討論：提問讓你理解得更深入

法，他們會打破生活的常規，發現那些「為什麼」。

在面對孩子的提問時，父母的態度和回答會影響孩子的好奇心與想像力。如果每一次孩子問父母，父母都很敷衍並且不願意搭理孩子的話，那麼孩子很容易因此而喪失興趣，漸漸地不喜歡思考了。

但是如果父母積極地回應孩子，與孩子進行有意義的交流，那麼孩子的想像力、思考能力、邏輯思考能力都可以得到有效的鍛鍊，這樣就會有截然不同的結果。

青少年時期的提問習慣及心理分析

前文中，我們多次提到過青少年的一大心理特點是自我封閉。他們回家後第一件事情是關上房門，讓自己躲進一個沒有人「打擾」的地方。他們還有一大心理特點，那就是愛面子。為了不丟面子，他們有什麼問題也不會輕易說出口，因為他們擔心自己提的問題太愚蠢，會遭到老師或同伴的嘲笑。不提問題，不代表他們心中沒有疑問。恰恰相反的是，青少年正處於批判性思想高速發展的時期，他們對一切事物都有自己的看法，當他們的看法與傳統的觀念不同時，就會產生各種疑問。

小華是一個愛提問的中學生，然而他的提問並不「受人待見」。這是為什麼呢？原來，小華習慣跟老師「唱反調」，老師說下週一進行單元小考，小華會問：「為什麼不是這個週五考？過

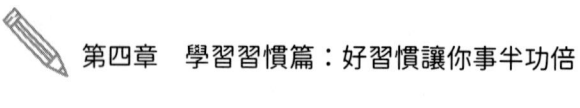

第四章　學習習慣篇：好習慣讓你事半功倍

完一個週末，知識重點都記不清了。」小華提的問題，總會引起班級裡一片起鬨，也讓老師有點哭笑不得。為了不打擊他的「提問精神」，老師反問班上的其他同學：「大家覺得週五考合適，還是下週一考更合適呢？請你們談談自己的想法吧。」於是大家七嘴八舌地議論，大部分同學認為多個週末還可以多一些時間複習，能夠更好地迎接考試。依據少數服從多數的原則，老師最終決定按原計劃考試，小華也欣然接受了。由此可見，面對兒童青少年的「為什麼」，父母或老師的正確引導很重要。

想要養成好的提問習慣，我們該怎麼做

第一，要學會反問。

有時，孩子提的問題，在父母看來也許是一件非常普通並且沒有討論意義的問題。可是，這在孩子的眼裡卻是很值得探究的未知，這樣的未知能夠驅使一個孩子去探索世界。所以，當父母覺得孩子的問題很幼稚時，可以反問孩子這個問題，讓孩子去思考。在孩子思考後給出答案時，父母要肯定孩子思考的結果，並鼓勵他們在恰當的思路上繼續探索。獲得父母肯定的孩子往往表現出更強的自信心。

第二，跟孩子一起尋找答案。

在孩子看來，父母是無所不能的象徵，而事實上，我們做父母的心裡很清楚，很多問題我們也回答不了，畢竟自己不

第四節　提問與討論：提問讓你理解得更深入

是百科全書。這時，我們該怎麼跟孩子說呢？首先，我們要誠實地面對自己不懂的問題，切忌不懂裝懂，胡亂解答。其次，要帶著孩子一起尋找答案。雖然我們不知道確切的答案，但是我們能教給孩子尋找答案的方法，也可以和孩子一起探索未知的世界。這一方面能增進親子之間的感情；另一方面也用言傳身教讓孩子學會了對待新問題的態度和方法。對孩子誠實的家長，更容易收穫信任自己的孩子！

第三，聽問題，觀心理。

當孩子提出一些奇怪的問題時，不要急於回答。不妨鼓勵他繼續往下說，聽聽他的想法。透過孩子腦海中的問題，我們可以發現孩子對什麼感興趣，以及觸發他們感興趣的點，也就能更容易理解孩子的思考方式和心理狀態。

第四，要教會孩子提問。

面對不愛提問的孩子，我們該怎麼辦呢？首先，我們可以透過遊戲的方式親自示範如何提問。其次，我們可以用角色扮演的方式，讓孩子轉述別人已經提出的問題，練習提問的技巧。最後，給孩子大量的實踐機會，讓孩子在實際場景中反覆練習，強化問題意識，鍛鍊語言表達能力，反思得到的答案，讓提問習慣成為孩子思想發展的推進器。

第四章 學習習慣篇：好習慣讓你事半功倍

第五節 家長代勞作業：自我效能感低

當父母的都知道，現在孩子的作業簡直就是全家的頭等大事。跟以往學生拿個小本本記下當天作業不同的是，現在很多學校會將學生的作業任務發到家長的手機上，要求家長監督和批改。其實，這麼做，可能阻礙了孩子的成長，因為家長代勞的作業無異於幫助孩子作弊，孩子會認為作業不是自己的責任，而且讓寫作業變成一件非常痛苦的事情。

美國著名的心理學家班杜拉於 1970 年代提出「自我效能感」的概念，即個體對自己是否有能力完成某一行為所進行的推測與判斷。長期由家長輔導作業的孩子，凡事喜歡依靠別人，不願意獨立思考與探索新知，害怕犯錯，自我效能感很低。而獨立完成作業的孩子，則對自己的認知更準確，對自己能做的事情更有信心，表現出更高的自我效能感。想要培養出一個高自我效能感的孩子，我們要注重兒童青少年在成長過程中各個關鍵期的習慣培養。

嬰兒期的代勞習慣及心理分析

8 個月大的小果還不會拿餐具，但是他很想學大人的樣子自己吃飯。每次看到奶奶準備食物時，他總是興奮地手舞足蹈，

第五節　家長代勞作業：自我效能感低

想要直接用手來抓麵條、水果之類的食物。奶奶看到，趕緊大聲喝斥：「別動，寶寶！你會把麵條撒出來的！」「別動，寶寶！你還太小了，讓奶奶餵！」漸漸地，小果不再伸手去抓食物了，到了吃飯的時間，他總是玩玩具，對奶奶用湯匙送到嘴邊的食物，也都是漫不經心地吃，有時還會滿屋子跑，讓奶奶在後面追著餵。

從小穿衣、吃飯都由家長代勞的孩子，長大後，能自己做的事情，也會期待由家長來代勞。因為他們擔心自己會把事情搞砸，導致大人責怪。而從小在「鼓勵式教育」之下長大的他們，不願意面對批評，批評幾乎是對他們整個人的否定，會奪走大人全部的愛。

幼兒期的代勞習慣及心理分析

幼兒期是很多好習慣養成的關鍵期。進入幼兒園之後，幼兒開始習慣與父母分離，以獨立個體的身分參與活動。在學校裡，吃飯和睡覺都是「必修課」，學校還會設計很多培養學生動手能力的遊戲，來刺激幼兒小動作的發展。

小果上了幼兒園，有一天，飯菜端上桌子之後，其他小朋友都開始自己吃飯了，老師發現小果卻兩手放在下面，完全沒有要自己吃飯的意思。

老師問他：「為什麼不吃呀？」

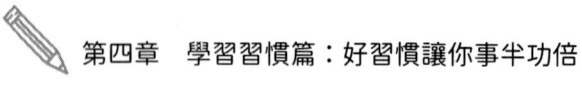

第四章　學習習慣篇：好習慣讓你事半功倍

他說：「我不會。」

老師耐心地說：「那我教你好嗎？」

小果將信將疑地點頭。在老師的協助下，小果拿起了湯匙，總算把飯菜吃完了。放學後，老師給小果的家長打電話說明他在幼兒園的表現，並提醒家長在家要讓孩子獨立吃飯。然而，小果回到家之後，又變成了老樣子。他的理由很直接：「我自己吃太累了，你餵我不是好一些嗎？」

小果的媽媽意識到問題的嚴重性，趕緊跟奶奶溝通，從現在開始培養孩子獨立自主的能力還來得及，她們很快制定了策略，即先教 3 次正確就餐的方法，如果孩子鬧情緒不配合，就給他留飯，等他情緒平穩再繼續練習獨立吃飯。如果孩子無休止地鬧情緒，則餓他 3 次。

在全家齊心協力的努力下，小果很快學會了自己吃飯，並且還會非常嚴格地監督全家人就餐。小果的家人抓住了習慣養成的關鍵期，幼兒園後期的一些手工作業都是小果獨立完成的，雖然明顯不如父母代勞的作業，但是小果很高興，因為在他看來，自己的作業是獨一無二的。

青少年時期的代勞習慣及心理分析

很多學校從一年級開始，家長就被要求批改孩子的作業，有錯誤的題目還得舉一反三地給孩子補課。如果家長不照做，

第五節　家長代勞作業：自我效能感低

老師就在班級群組裡公開點名。於是，家長心裡就有疑問了：老師不批改作業，怎麼知道孩子哪裡錯得多？哪些知識重點沒完整理解？現在的家長真的很難做，以至於帶著一股怨氣輔導孩子寫作業時，爭吵在所難免。原本是父母與子女的關係，現在又演變成了師生關係，角色的轉換讓雙方都疲憊不堪。

然而，父母盯得越嚴，孩子就越不細心，各種小錯誤層出不窮。家長一邊批改一邊發牢騷，孩子則一邊寫一邊開小差。家長的心理很容易理解，他們經過一天忙碌的工作後，晚上已經身心俱疲了，可是還得強打精神來管孩子的學習，遇到孩子屢教不改的狀況，能不發火嗎？家長的委屈很容易就被一件小事引爆，進而上升成一陣歇斯底里的語言暴力。而孩子的心思也不難猜，既然寫完作業後有人檢查，那麼我現在玩一玩怎麼了？反正寫完作業後不也還要練琴的嗎？對他來說，作業主要是父母的任務，自己只是配合完成而已。

孩子缺乏責任心，是由於家長忽視了培養孩子自主完成作業的關鍵期。現在沒有速成的方法，必須回到初始點，重新培養孩子的做作業習慣。家長要轉變觀念，不能直接把孩子的作業攬到自己身上。學校要求家長輔導作業，我們的職責是監督孩子有沒有完成作業，對錯與否要孩子自己負責。

第四章　學習習慣篇：好習慣讓你事半功倍

想要養成獨立自主的好習慣，我們該怎麼做

第一，教給孩子責任觀。

要讓孩子懂得並欣然接受，每個家庭成員都有自己的職責，只有每個人都履行好自己的職責，家庭才能順利運轉。除了自己的事情自己做，孩子還應當分擔力所能及的家務，如幫忙倒垃圾、遛狗等。當孩子有了自己專屬的家事任務，他就會逐漸在心裡形成自己是家庭小主人的心態。

第二，不要迷信嚴格的育兒標準。

所有的育兒標準都是育兒專家個人的見解，並不一定適用於所有的親子關係。父母對孩子付出再多都是值得的；然而，有個前提不能忽視，那就是付出的方式要有利於孩子的發展。網路上有很多全能型的爸爸或媽媽，的確令人羨慕。但是落到現實生活中，在自己的家庭裡，要根據實際情景來調整自己的投入。我們要培養的不是神童、天才，我們想要的只是健康快樂、積極好學的孩子，難道不是嗎？為此，我一直堅信缺點是完美的一部分。適度的幫助、恰當的促進，有助於孩子往前走；生拉硬拽，只會讓孩子就地耍賴。

第三，關心孩子的作業習慣，及時肯定做得好的方面。

心理學家班杜拉等人透過研究指出，個體自身行為的成敗經驗、替代經驗、言語勸說、情緒喚醒和情景條件都會影響自

我效能感的程度。父母透過觀察孩子作業的難度、付出努力的程度、接受外界幫助的範圍，以及班級整體的程度來了解孩子的進步，將自己看到的狀況及感受告訴孩子，並給予適當的表揚。努力進取後獲得表揚的孩子自我效能感會上升，對自己的期望也會變高。

第四，堅持獨立完成作業的好習慣，提高自我效能感。

自我效能感會影響兒童青少年的思考模式和情感反應模式，進而影響他們成年之後的行為表現。自我效能感高的人，遇到問題時能冷靜、理智地處理，樂於迎接緊急情況的挑戰，能夠控制自己的情緒和行為。而自我效能感低的人則會表現出在人際關係上畏縮不前，在面對失敗和挫折時會流於情緒化處理問題，在壓力面前束手無策。

第六節 補習班：補習真的有營養嗎

現在似乎很難找到一位從小到大沒補過習的孩子。即使是在中南部，也到處都能看到補習班的身影。成績好的孩子補習叫鞏固，成績中等的孩子補習叫提高，成績落後的孩子補習叫補盡人事、補心安。不僅中小學生補習，幼兒園的孩子們放學

第四章　學習習慣篇：好習慣讓你事半功倍

後也有課輔班，如畫畫班、唱歌班、遊戲班、思考訓練班等。補習的開銷是一筆不小的費用，而且為了給孩子補習，家長的接送工作更為艱辛。比接送上下課更加令人頭痛的是，在五花八門的補習班裡選擇適合孩子的機構。當然，本節不是來分析如何選擇補習班的，只是想要思考和探討：為什麼大家都在補習呢？關於補習，兒童青少年在各個年齡階段都有不同的心理狀態。

嬰兒期的補課習慣及心理分析

很多早教班以「潛能開發」為噱頭，給孩子灌輸他們還完全不能理解的知識，其實這正是一種「揠苗型」的補習。還有一些家長，因為孩子遲遲沒有學會自己吃飯，也將孩子送去上行為訓練的早教課，讓「專業的老師」教孩子如何拿筷子湯匙、如何自己吃飯。幾乎從吃飯到睡覺，從說話到走路，都有相應的補習班來「為孩子的成長開路」。

有些孩子的小動作發展得比較遲，因此拿湯匙的抓握能力還需要練習。有些家庭習慣了餵孩子吃飯，沒有給孩子足夠的鍛鍊。如果別人家同樣大小的孩子已經會自己拿湯匙吃飯了，你家的孩子還在靠大人餵，你一定就會焦慮，會擔憂這孩子是不是什麼事情都比別人「慢半拍」，是不是要想辦法及時改正這個問題，以免將來事事都落後於人。於是，你會留意到身邊有

第六節　補習班：補習真的有營養嗎

很多早教班的廣告，他們都在聲稱，只要把孩子送過去，時間到了，你就會收穫一名能力超強的「神童」。你心動了，雖然價格不菲，但是為了孩子的前途，你沒有猶豫。報名繳費後，將孩子送過去，看到孩子在老師的調教下，的確學會了吃飯，你內心暗自慶幸，這個錢沒白花。如果你能給孩子足夠的耐心，在家裡他也一定能學會自己吃飯。

幼兒期的補課習慣及心理分析

幼兒期是補習習慣的養成階段。跟嬰兒期早教班的「輕鬆學習」相比，幼兒期的才藝班就已經形成相當大的規模了。幼兒的好奇心爆棚，他們對新鮮事物總是會產生許多疑問，想要一探究竟。很多父母就將這種好奇心解讀為「天賦」，為了不辜負這些「天賦」，他們就會想著將孩子送去專業的地方，儘早開發相關的潛能。而事實上，孩子對一件事情的熱情會很快消退，然後又「盯」上另一件新鮮事物。過早地將孩子送去輔導班，會給孩子帶來很大的心理壓力，他們會害怕再表現出驚喜或好奇，因為這會導致他們被關進一個個小教室裡，被強迫在裡面待一、兩個小時，而在那段期間內，他們可能根本不知道老師在講什麼。

有些幼兒輔導班的老師會代替孩子完成作業或作品，寫上孩子的名字，讓孩子帶回家給父母看。不明就裡的父母還以為

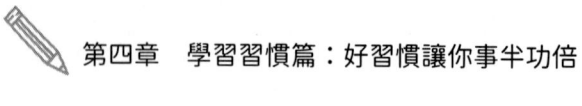

第四章　學習習慣篇：好習慣讓你事半功倍

孩子果真在這方面有「天賦」，更不能同意孩子提出的退出課輔班的請求。這種弄虛作假的成功帶給父母無限的幻想，卻給孩子的心裡播下了不勞而獲的種子。在輔導班待久了的孩子，漸漸地會放棄思考，放棄自己糾錯，因為他們知道後面會有人給自己檢查，給自己修改，甚至有的輔導班老師是直接報答案的。因此，幼兒期輔導班對孩子的傷害是最大的。淺嘗即止，未嘗不可；否則一旦孩子深陷其中，將難以自拔，反而貽害終身。

青少年時期的補課習慣及心理分析

前不久，一份某中學出給小學升國中學生的暑假作業引起熱議。其實這些作業不過是閱讀書單、寫字練習，既稱不上驚世駭俗，也沒有任何標新立異之處。但是這份作業清單為什麼會被拿出來討論呢？有一位學生家長說：「現在的孩子暑假課程都排得滿滿的，哪有空做這些輕飄飄的無用功呀！再說了，現在暑假讓你看書，等開學後分班考試，他們又不考這些內容！到時候，吃虧的還是看書的孩子。我們當然知道看書對孩子好，可是這赤裸裸的現實讓人不得不低頭！」

青少年本應歡暢地汲取知識的力量，豐富自己的大腦，開拓自己的眼界。可是在升學這根指揮棒的操控下，他們出了學校，就一頭扎進了輔導班。部分有條件的家長都有這樣的心理

第六節　補習班：補習真的有營養嗎

負擔：如果孩子上不了熱門的私立小學，就上不了有名的私立國中，上不了私立國中就擠不上前三志願的高中，上不了前三志願的高中就上不了「臺、成、清、交」，那孩子這輩子就「完蛋」了！這裡所謂的「完蛋」，不是指孩子真的沒救了，沒有學校上了，而是指孩子不能按照父母的預期去發展。薩巴瑞博士在《父母的覺醒》一書中提道，父母的自負感會導致孩子產生焦慮情緒，形成害怕失敗、不敢說真話等心理障礙。

現在的青少年還有機會逃離輔導班，選擇圖書館或是大自然嗎？我想答案是肯定的，至少不要盲目地將課餘時間全部給了輔導班。

想要養成好的補習習慣，我們該怎麼做

第一，父母需要覺醒。很多父母一心想培養出「菁英」，他們早在孩子出生前就給孩子規劃了美好的人生藍圖，要讓孩子一步步地走進理想的殿堂。他們對孩子的形象、身分都有很高的期待，他們奉行完美主義，因此，他們用自己制定的標準去嚴格控制孩子的行為。這些父母需要覺醒，他們必須意識到孩子是一個獨立的個體，既不是父母的附屬品，也不是父母的繼承者。醫生的孩子，也許想成為一個畫家。父母應該為孩子的創造力感到自豪。

第二，養成閱讀的習慣。經典名著的背後是無數大師的人

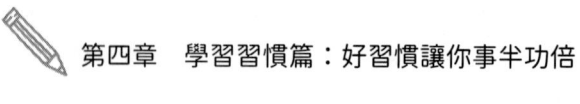

第四章　學習習慣篇：好習慣讓你事半功倍

生智慧。讀名著的青少年批判性思想發展得更好。當青少年有了批判性精神，即使是在補習班，也不會再思考僵化地將寫考卷當成學習。從小養成閱讀習慣的孩子，認字會更加準確，組詞造句的能力更強，在寫作方面也會表現出明顯的優勢，學習的熱情會更飽滿，探索鑽研的思路會更開闊。

第七節　閱讀習慣：
孩子一年讀幾本書

　　閱讀對每個人都是有好處的。書讀得越多，理解力越好；理解力越好，則解決問題的能力越強。國外的早期閱讀理論認為，人應該從一出生就開始閱讀，將閱讀視為開發智力的方式之一。除了可以開發智力，閱讀對於兒童青少年的心理發展、社會學發展的價值也不容小覷。閱讀還能培養兒童青少年的觀察力、想像力、創造力、動手能力、邏輯思考能力、獨立思考能力、審美能力和終身學習能力。

　　然而，現今的家庭裡，大人和孩子幾乎人手一部手機，我們習慣了「指尖下的閱讀速食文化」。用十幾分鐘的時間瀏覽一本書的簡介，就當是自己閱讀過了。各類線上教育的平臺會提供書籍的講解視訊和音頻，只要點開應用軟體，就可以聆聽智

第七節　閱讀習慣：孩子一年讀幾本書

者的思想。這聽起來是一件很美好的事情，不經意間電子產品成了兒童青少年最喜愛的夥伴。而「悶不吭聲」的實體書籍越來越不受孩子們的喜愛。兒童青少年早期不良的閱讀習慣會隨著年齡的增長不斷蔓延到學習領域的各個方面。因此，兒童青少年的閱讀習慣要從一出生就開始培養。

嬰兒期的閱讀習慣及心理分析

　　從嬰兒呱呱墜地、睜開眼睛那一刻開始，他們就在探索這個世界。滿月的嬰兒可以閱讀黑白顏色卡、柔軟的布藝書籍等。嬰兒階段可以閱讀有不同顏色、形狀和各式各樣物品的卡片或掛圖，初步累積認知世界的資訊。

　　風風剛滿月，奶奶就帶他認識家裡的每一件物品，會跟他介紹：「這是桌子，這是椅子，這是書櫃……」介紹過物品之後，奶奶就開始給他看閃卡，閃卡裡的顏色、形狀都是透過圖形來展示的，對風風來說比較抽象。這時奶奶就會連結家裡的物品──風風比較熟悉的東西，來教風風讀卡片。等到風風開始探索外部世界、走出家門時，他已經會在社區花園裡主動尋找在卡片和繪本裡見過的花朵、綠草、風箏、氣球等物品。

　　我們都知道，對事物的熟悉能增強嬰兒的安全感。因此，在家裡透過閱讀，對物品加深認知，也有助於提升嬰兒的安全感。在熟悉物品的基礎上，反覆閱讀卡片和繪本，能提高嬰兒

169

第四章　學習習慣篇：好習慣讓你事半功倍

的觀察能力，讓他們能快速辨識出那些熟悉的事物，增強他們的自信心。這個階段嬰兒的閱讀以大人主動呈現、多次指認和尋找熟悉事物為主要特點。

1歲至2歲的嬰兒動手能力開始增強，但糟糕的是，他們不是動手閱讀，而是動手撕書。當嬰兒開始主動拿起書時，他們左看看、右看看，然後找準一個角度就開始撕扯。這時，家長不要著急，耐心觀察一下，嬰兒為什麼撕書？是對所選的書籍不感興趣，還是覺得撕書的動作有趣，或者是喜歡撕下來的書頁？任何時候都不要對此做出制止。要注意引導嬰兒愛惜書，首先家長自己就要尊重閱讀，正視閱讀的主體是嬰兒這一事實。

幼兒期的閱讀習慣及心理分析

幼兒開始大量接觸繪本讀物等閱讀材料。這個階段的閱讀形式是以親子共讀為主要特點。親子共讀的時光是美好的，如果大人企圖將閱讀時間變成認字時間，則是有害無益的。

平平的媽媽聽人說，小學一年級的老師都預設孩子們認識很多國字，所以不會特別認真地教生字。平平的媽媽心想，那我家孩子必須在上小學之前掌握四、五百個字。於是，每次在親子共讀時，媽媽總反覆提醒平平：「這是『大』，這是『小』，你記住了啊，別忘記了啊！」平平想往後翻，看看故事中的怪獸怎麼樣了，媽媽又繼續說：「你先告訴媽媽，這個字怎麼讀，我

第七節　閱讀習慣：孩子一年讀幾本書

們再往後翻。」平平讀不出來，他開始覺得讀書是一件很困難、很沒意思的事情。

過早地教孩子識字會讓孩子的閱讀體驗受挫，因為孩子的注意力還很短暫，對抽象事物的記憶力是建立在領會的基礎上的，孩子根本沒有領會每個字的寫法，又如何能記住那麼多的字呢？其實，平平的媽媽要放鬆一點，單純地陪著孩子讀故事、看圖片。時間久了，平平反而能記住一些常見的字。幼兒期是養成閱讀習慣的關鍵期，讓孩子對閱讀感興趣，保持閱讀的好奇心，才是閱讀的目標。

青少年時期的閱讀習慣及心理分析

青少年正處於學習的黃金時期，如果前期已經養成了閱讀習慣，那麼此時他們閱讀的範圍會擴大，閱讀的層次會進一步提高。他們會重讀曾經看過簡略本或概要介紹的書籍，他們會想要對書中的人物細節一探究竟。現實中，我們發現有很多青少年沒有在幼兒期養成良好的閱讀習慣，或是在幼兒期有閱讀習慣，到了學業繁忙的中學就停止了閱讀。在青少年時期，我們還能重新培養閱讀習慣嗎？答案是肯定的。

凱文從小愛讀書，腦瓜子靈活，因此，在幼兒園和小學階段都讀了不少書。到了十來歲，凱文擁有了手機、平板電腦，他漸漸地從看紙質書轉變為用平板電腦看電子書，最後演變成

第四章　學習習慣篇：好習慣讓你事半功倍

了用平板電腦玩遊戲、看直播。他有時也看別人直播讀書，他覺得很有意思，做直播的人總有辦法讓你的眼睛離不開螢幕。很快，凱文覺得自己經常感到頭腦昏昏沉沉的，聽課也老恍神，寫作文時更是提筆忘字。他問媽媽：「我到底怎麼了？」媽媽帶他去書店待了一下午。起初，他焦躁不安，想要手機，想要打開手機軟體看直播、玩遊戲。可是他們來書店之前已經約定好不帶手機。一個下午過去了，凱文雖然一本書也沒有看，但是他焦躁的情緒有所平復。接下來的幾天，媽媽總會抽時間陪他一起看書，跟他討論書中的內容。凱文的內心慢慢回歸了平靜，注意力也開始集中起來了。

媽媽的耐心陪伴和有技巧的約束讓凱文重新養成了閱讀的好習慣。如果你的孩子也正處在對閱讀失去熱情的困境中，你不妨也試試凱文媽媽的做法，幫助孩子先驅散他心中的迷茫，找到心安的方向。

想要養成好的閱讀習慣，我們該怎麼做

第一，創造閱讀環境，讓書本隨手可及。在家裡的各個空間都放一些孩子能閱讀的書籍，方便孩子拿取。我發現孩子在對玩具感到無聊時，會主動去翻一翻色彩鮮豔的繪本。幼兒期的孩子會根據繪本自己編故事，並將他的玩具帶入他自編的故事中去。

第七節　閱讀習慣：孩子一年讀幾本書

第二，親子共讀為自主閱讀奠定堅實的基礎。從親子共讀、指讀、伴讀到自主閱讀，這是一條漫長的路。每一步，都是一步一腳印。當孩子不認識字時，我們幫助孩子讀出書中的文字，並解釋文字所代表的意思。

第三，培養孩子的時間管理能力。相對於上班族來說，孩子玩耍的時間很長。除了戶外活動、吃飯、睡覺，孩子在家玩的時間也相對較長。因此，大人要做家務時，總習慣性地遞給孩子一個遙控器或一臺平板電腦，讓孩子看電視或玩遊戲打發時間。這是非常不可取的！在幼兒期，孩子使用電子產品一定要有家長監督，確保眼睛與螢幕保持一定的距離，保護孩子的身心健康。而在青少年時期，更要嚴格管控電子產品的使用時間，保證孩子的睡眠，維持孩子的注意力。沉迷於電子產品的孩子可能不屑於讀書，因為他們的心是躁動的、迷茫的。

第四，精讀經典，博覽群書。閱讀的策略很多，精讀和略讀是經常被拿來討論與比較的。我們常常這樣打比方：所謂精讀，是指一個月只讀一本書，讀十遍；而略讀，則是指一個月讀十本書，每本書讀一遍。不同的書籍適合不同的閱讀策略。精讀的好處不言而喻，孩子不斷重複地閱讀同樣的內容，對書中的名詞、語句和文章結構都會印象深刻，並引發自己的思考，形成自己的觀點。而略讀能幫助孩子開闊眼界。有時孩子跳躍式閱讀，是因為對部分內容沒有興趣，而當他看完後面章

第四章　學習習慣篇：好習慣讓你事半功倍

節時，又會回頭來看之前跳過的部分。對此，家長不要著急，更不必責罵孩子看書不認真。對孩子的閱讀，不要抱著功利心，正如我們常說的，給孩子無條件的愛。給閱讀，也要有無條件的支持。

第五章
社交習慣篇：
你是那個讓人哭笑不得的「戲精」嗎

第五章　社交習慣篇：你是那個讓人哭笑不得的「戲精」嗎

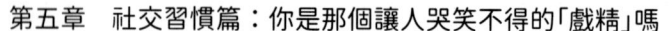

第一節　抱怨：
一味地抱怨只會讓人厭煩

現實生活中有很多抱怨的聲音。媽媽抱怨奶奶，爸爸抱怨媽媽，孩子抱怨爸爸媽媽，這些都是常見的現象。很多父母說，自己已經傾盡全力地愛護孩子，就差沒有上天去幫他摘星星、摘月亮了，為什麼孩子還總是抱怨呢？說這些話的家長，很可能沒有認真傾聽孩子抱怨背後的心理訴求。孩子抱怨今天的衣服不好看，可能是因為昨天晚上沒睡好導致不想上幼兒園，但迫於家長的權威不敢說出來，只好一直抱怨這件衣服難看死了，不能穿這麼難看的衣服去上學。而家長看著明明是很漂亮的衣服，聽著孩子無理取鬧的抱怨，總是氣不打一處來，伸手就是一巴掌，還安慰自己說，雖然不想打孩子，但是再不教育，以後孩子就要跟他人比吃比穿了，不能縱容這種態度。

嬰兒期的抱怨習慣及心理分析

嬰兒的照料工作很辛苦，帶嬰兒的大人偶有抱怨是可以理解的。但是，有些大人，尤其是祖輩，習慣性地將抱怨的話掛在嘴邊，完全沒有意識到這樣的抱怨會給嬰兒留下不可磨滅的印象。

被嬰兒尿溼褲子是一件讓人不愉悅的事情，樂觀的家長會笑著說：「哎呀，寶寶給我洗了個澡呀！還熱乎乎的呢！那我去

第一節　抱怨：一味地抱怨只會讓人厭煩

換件漂亮的裙子好嗎？」他們會先幫寶寶換好衣褲，安撫好寶寶的情緒，然後再去處理自己的衣服。而悲觀的家長則覺得很鬱悶：「寶寶怎麼搞的？明明穿了尿布，還尿了我一腿，煩死了！」在給寶寶換衣服時，動作急躁，面露慍色。

上面兩種態度的家長會養育出完全不同性格的孩子。樂觀家庭裡長大的孩子遇到困難時，會說：「嘿，還真不簡單，我要看看如何解決這個問題！」而悲觀家庭裡長大的孩子，想的不是如何解決這個問題，而是：「是誰給我出的這個難題？他為什麼出這樣的難題？是跟我過不去嗎？」

家庭成員，尤其是父母的抱怨，還會影響孩子的社交習慣。在家庭裡遇到事情習慣性地抱怨對方，到了學校、社會，他們仍然會將問題指向他人和環境。

幼兒期的抱怨習慣及心理分析

小優生活在一個充滿抱怨的家庭裡，他對家庭裡的一切感到厭煩。他覺得自己是一個很糟糕的孩子，父母都不喜歡自己，因為他經常會聽到父母說：「孩子坐姿不正，怪你！」、「孩子睡覺打呼嚕，影響我睡覺！」、「孩子沉迷於電視，都怪你買那麼大一臺電視機在客廳！」家庭的矛盾和家庭成員之間的相互抱怨，讓小優將問題的矛頭指向自己，認為自己的存在是個錯誤。

第五章　社交習慣篇：你是那個讓人哭笑不得的「戲精」嗎

　　生活在抱怨中的小優看不到自己的優點和價值。剛開始，小優學會了自我否定，將一切責任歸結為是自己不好。漸漸地，他發現很多小夥伴也跟他一樣淘氣，一樣不好好吃飯，可是他們的爸爸媽媽沒有相互抱怨，也沒有責怪小孩。他開始對之前的歸因方式產生了懷疑，轉而心生憤怒。他不明白為什麼自己遇上了這樣的父母，而別人卻出生在幸福的家庭。小優又開始了新一輪的抱怨，這次抱怨的對象指向了命運。

　　遇到困難時，小優會哭鬧著說：「我本來就學不會，我笨！我不可愛，你們不要喜歡我！」小優的父母也很生氣：「多練習不就會了？哭有什麼用？傻不傻啊你？」父母在小優失望時，又澆了一盆冷水。他內心感到了一絲絕望，這種絕望會埋下憂鬱和仇恨的種子，隨著年齡的增長生根發芽。

青少年時期的抱怨習慣及心理分析

　　除了小優這樣從小生活在充滿負能量家庭裡的孩子，大部分孩子在小時候是聽慣了鼓勵和表揚的。經歷了大考、小考的洗禮之後，青少年的心理悄悄發生變化。在學校裡，有些同學似乎就是一臺負能量的「發射機」，他們走到哪裡，負能量就波及到哪裡。在操場上，抱怨天氣熱，體育課不應該在戶外活動；在教室裡，抱怨不開窗戶，空氣不流通；在考場上，老師走路的聲音都能影響他們考試發揮；在家裡，他們在父母面前反而

第一節　抱怨：一味地抱怨只會讓人厭煩

沒有那麼多抱怨，因為他們不屑或不敢跟父母說太多。因此，他們抱怨的另一種途徑就是在網路上發洩，他們化身為「鍵盤俠」，或被人稱為「網路酸民」。針對他們看不順眼的事情，都要去攻擊一番。

一般來說，愛抱怨的青少年背後都有高標準、嚴格要求的父母或老師。因為達不到父母或老師的期待，他們就會找理由來解釋自己的不足。而對無關緊要的人抱怨或發表攻擊言論，則可以在一定程度上宣洩自己的情緒。因經濟拮据而不滿現狀的青少年，傾向於抨擊有錢人；因成績不佳而倍感壓力的青少年，傾向於抨擊學霸。無休止的抱怨，會讓兒童青少年成為「垃圾人」或「隱形人」，如果不及時改正抱怨的習慣，不僅影響自身的心理健康，也會給身邊的人帶來困擾。因此，父母和老師面對兒童青少年的抱怨，要冷靜分析，客觀看待，並積極地幫助他們。

想要養成不抱怨的好習慣，我們該怎麼做

第一，以身作則，給孩子帶來正能量。前文中小優的抱怨是受到父母的習慣所影響。為人父母，要懂得控制自己的情緒，不在孩子面前爭吵。遇到問題時，客觀地分析事情的經過，不進行人身攻擊，更不能拿孩子當攻擊的藉口或擋箭牌。生兒育女，是為了讓他們養成健全的人格，賦予他們完整的愛。

第五章　社交習慣篇：你是那個讓人哭笑不得的「戲精」嗎

為了這份愛，我們要先改掉本身的壞習慣，自我要求。

第二，幫助孩子誠摯地看待自己的優缺點。了解自己的優缺點，為自己的優點感到自豪，對自己的缺點多多注意並加以改善；也能意識到，每個人都有優點和缺點，不拿自己的缺點去跟他人的優點比較，也不因他人的炫耀而動搖自己的信念。相信缺點也是完美的一部分。

第三，幫助孩子磨練心理韌性，正面地面對挫折。從小「眾星捧月」長大的孩子，在面對挫折時，很難接受自己有辦不好的事情、實現不了的願望。這時，父母和老師要幫助孩子做好心理建設，讓他們意識到美好的願望可以分階段實現，只要足夠努力，用對方法，一定可以離目標越來越近。

第四，設立恰當的目標。過高的標準會讓孩子的自我效能感降低。孩子透過自我評估，很快確定眼前的目標是不可能實現的，那麼他們就會感到沮喪甚至憤怒，而將責任推卸給制定目標的人，或是其他有能力完成目標的人。

第五，善用積極話語評價孩子的處境。當孩子遇到問題時，他們首先想到的力量來源肯定是自己的父母。因此，父母的支持對孩子來說格外重要。比如，孩子中學會考前的最後一次模擬考成績不理想，負面心態的家長會說：「這次考試幾乎等於會考的預考，就你這個分數，別想進前三志願高中了」。而聰明的家長會用正面鼓勵的方式告訴孩子：「這次考試很及時，將

之前疏忽的重點給顯現出來了,接下來的時間裡,你的複習就可以對症下藥了!」前者對考試結果進行了災難化的評價,後者則提出了解決問題的辦法。很顯然,後者的孩子不會因此抱怨模擬考太難或其他外界因素。

第二節 裝傻:要「裝」得自然才是關鍵

兒童青少年在遇到自己討厭的人時,通常會表現得針鋒相對,這是因為他們迫切地想要表達自己的思想和立場。在現實生活中,經常會有人在不合適的場合,問不恰當的問題,如果被問的是大人,大人可能會選擇裝傻。裝傻也是一門藝術,能夠暫時避其鋒芒,免於尷尬。而拙劣的裝傻,會將事情弄得一團糟。培養良好的社交習慣,一定要掌握裝傻的精髓。

裝傻是一種策略。在別人責怪你時,你裝作一無所知地反問對方:「好像真的是我錯了,你是怎麼發現的?」在別人恭維你時,你裝作受寵若驚地糾正別人的誇大其詞:「哪有,哪有!我不過是瞎貓碰到死耗子!」在別人想要拉你進入小團體時,你驚訝地說:「啊,不是說小團體不利於大團結嗎?你一定是開玩笑的吧?」裝傻是為了保護自己的心理空間不受侵犯,保持自己

第五章　社交習慣篇：你是那個讓人哭笑不得的「戲精」嗎

的思想獨立。從某種程度上說，裝傻也是個體與生俱來的一種社交能力。

嬰兒期的裝傻習慣及心理分析

　　當寶寶大約在三、四個月大學會社會性微笑時，周圍的人就會對著寶寶問這問那，想要逗寶寶咿咿呀呀地笑出聲。大部分時候，寶寶是越逗越開心的。但有時候，寶寶心情不在狀態時，也會擺出一副「你是誰，你在幹什麼！」的冷漠臉。這就是一種裝傻的本能了。

　　萱萱從小由奶奶帶，比較怕生。每當奶奶抱著她到社區花園跟其他小寶寶一起玩耍時，萱萱的臉上總掛著一種不情不願的表情。別的小寶寶都咿咿呀呀地叫喚著，可是萱萱卻皺著眉頭，一臉不悅。奶奶很生氣，就說：「又想黏著媽媽了是不是？又想媽媽了是不是？媽媽上班去了，你只能在家跟奶奶！」萱萱似懂非懂，被奶奶一訓，更委屈了，立刻放聲大哭。

　　萱萱的奶奶做了一個很壞的示範，對待萱萱在社會交往中的不良情緒，沒有積極引導，反而帶著怨氣責罵。這是一種侵犯了萱萱心理空間的做法。萱萱在和別的小寶寶碰面時，沒有表現出興奮或開心，可能有其他原因。聰明的做法是對萱萱的悶悶不樂裝傻，引導萱萱觀察現場的趣事。看看其他小寶寶今天帶出來的玩具，問萱萱要不要下來走走路，或者是用其他方

第二節　裝傻：要「裝」得自然才是關鍵

法轉移她的注意力。在社交場合點破萱萱的心思，可能會讓她惱羞成怒，表現得更加沮喪和憤怒。

幼兒期的裝傻習慣及心理分析

幼兒期小孩會進入一個撒謊的「高峰」期，前文中我們已經分析過幼兒期的撒謊分為有意識撒謊和無意識撒謊。在這裡，我們要注意區分裝傻與撒謊。

萱萱進入幼兒園後，不聽老師指令，經常在教室裡亂跑。老師跟萱萱的媽媽溝通，希望家長能教育孩子在學校裡服從老師的管理，聽老師的話。媽媽問萱萱：「你今天在學校裡，是不是到處亂跑了呀？」萱萱一臉無辜地搖搖頭，說：「我沒有亂跑！」媽媽再追著問細節：「今天排隊時，你是不是跑到窗戶旁邊去了？」萱萱裝作聽不懂媽媽說什麼，開始跟媽媽說：「今天是婷婷不聽話，她被老師罵了」。

媽媽在責問萱萱時，萱萱選擇了裝傻。她很自然的裝傻，首先否認自己今天「到處亂跑」，當媽媽追問細節時，她沒有撒謊說自己沒有跑到窗戶邊，而是將話題轉移到同學婷婷身上。如果媽媽懂得裝傻的真諦，就可以順勢來分析婷婷今天亂跑的做法，讓萱萱談談「婷婷今天做得對嗎？婷婷為什麼在排隊時跑到窗戶旁邊呢？」萱萱可能會告訴媽媽：「因為窗外有一盆漂亮的牽牛花」。

第五章　社交習慣篇：你是那個讓人哭笑不得的「戲精」嗎

萱萱為什麼要裝傻呢？我們不難從媽媽的問話方式中找到答案。在聽到老師說孩子在學校不聽話、到處亂跑之後，媽媽急於完成老師交代的任務——讓孩子聽話，卻沒有傾聽孩子的心聲。如果媽媽對萱萱亂跑的事情裝傻，先問問她今天在幼兒園有沒有好玩的事情，萱萱可能會主動說出自己在窗戶外面發現了一盆漂亮的牽牛花。

青少年時期的裝傻習慣及心理分析

幼兒的裝傻行為中帶著一絲撒嬌的意味，他們是想透過這種方式告訴大人：「你別問了，我不想說，我不想挨罵。」而青少年的裝傻行為就表現出態度強硬的一面，通常被家長描述為「死鴨子嘴硬」。

讀中學的李樂經常因為和同學之間發生矛盾而讓父母頭痛。父母越是跟李樂講道理，要求李樂懂得謙讓，少跟同學爭執，把心思放在學習上，李樂就越發激動地解釋，自己並沒有惹事，是同學要跟自己糾纏。而對於父母提到他跟同學發生爭吵的事情時，他總是避重就輕。有一次，李樂和同學一起去參加演講比賽，同學忘記帶演講稿了，其實李樂知道同學的演講稿就在自己的書包裡，可是為了讓自己獲得更好的成績，李樂選擇了裝傻，沒有出聲。

在這個案例中，該裝傻的父母沒有掩飾好裝傻的細節，而

第二節　裝傻：要「裝」得自然才是關鍵

李樂在跟同學打交道時，也沒有做到該裝傻時裝傻，反而是一直糾纏不休，最終發生爭執，並導致人際關係越發緊張。父母為人處世的方式一定會在相當程度上影響孩子的人際交往，這也是為什麼我們常說，孩子就是父母的一面鏡子。面對青少年的衝動和偏激，父母要學會對細枝末節的事情裝傻，不要逼問孩子，不必追究每一件小事的原因。很多時候，他們只是衝動為之，沒有原因。事後，如果家長不過分追問，他們很快也就放下了。相反，如果家長不依不饒地說教，只會讓孩子厭煩和叛逆。

想要養成善於裝傻的好習慣，我們該怎麼做

第一，抓大放小，給對方時間和空間。在兒童青少年的人際交往中，很多時候都沒有實質意義上的矛盾和對抗，只是一些細微的摩擦和分歧。這時，父母要教孩子顧全大局，不拘小節。因此，在對待孩子的交友問題上，父母首先要抓大放小，給孩子自由發揮的空間。我們可以限定孩子玩耍的時間和地點，但是不必去介入他們玩耍時發生的小衝突。只有經歷過衝突、和好、又衝突、再和好，孩子之間才會結下深厚的情誼。

第二，對待錯誤，要認清本質。兒童青少年在人際交往中經常會犯錯，比如，咄咄逼人地要求朋友做事情，或是在遇到困難時責怪對方。這些都是不好的社交習慣。父母要做出榜

樣，給出指導，不要輕易地否定孩子的友情，不能因為小夥伴的一句髒話，就干涉他們的交往。

第三，保持微笑，讓裝傻變得不那麼令人討厭。有些時候，面對他人一些無厘頭的問題，我們真的不想回答。那麼這時裝傻、打岔或是敷衍帶過，都有可能會讓對方不悅，進而影響人際關係。為了緩解對方不悅的情緒，我們保持微笑是再好不過的方法，人們常說，抬手不打笑臉人。即便我們沒有滿足他們的好奇心，但是我們用微笑表達了對他們的尊重，也能讓我們的裝傻變得不那麼討人厭了。

第四，真誠待人才是人際交往的根本。雖然裝傻能在一些尷尬的時刻，給自己一個臺階下，但是人與人之間的交往，貴在真誠相待。只有坦誠地跟對方分享自己的想法，才能獲得對方同樣的誠意。任何美好的感情都是建立在真誠的基礎之上的。

第三節　炫富：
平民階層裡養出來的「富二代」

網路上有人說，我們這個時代存在全民「富二代」的現象。不論家庭經濟狀況如何，父母都有一種「再苦不能苦孩子」的心理，除此之外，還有「女孩要富養」、「男孩更要菁英教育」等理

第三節　炫富：平民階層裡養出來的「富二代」

念都在促使現代父母增加對孩子教育上的投資，一不小心就被「割了韭菜」。

「富養」的家庭教養模式導致兒童青少年形成了炫富心理。而那些本身家庭條件並不是很優渥的孩子，在面對同伴炫富的壓力時，也會想盡辦法表現出「富有」，因此，比較之風就盛行起來了。富人給人的刻板印象就是奢華，簡約倒成了「怪事」。那麼，物質條件真的能決定一個家庭是否富有嗎？我想並不是這樣。導致「炫富」的是家庭教養模式和孩子內心的空虛。

嬰兒期的炫富習慣及心理分析

孩子承載著父母的希望而生。很多小時候生活比較拮据的父母會對孩子格外寵愛，具體表現在要給孩子吃最好的、穿最好的、玩最好的。看到別人有什麼，立刻也想給自家孩子買一個，生怕被別人比下去了。

康康出生後，一直是奶粉餵養。於是，康康的媽媽買了各大品牌的奶瓶，從週一到週日不帶重複地給康康用。有一天，跟社區裡的其他媽媽聊天，對方提到國外有個牌子的奶瓶不錯，康康的媽媽便說：「那我一定要買，我必須收集全世界最好的奶瓶給我兒子用！」媽媽完全沒有注意到康康因為抗拒新奶瓶而在喝奶的時候所做的反抗。她想著，有選擇總比沒有選擇好啊，這些都是最好的奶瓶，不容錯過。

第五章　社交習慣篇：你是那個讓人哭笑不得的「戲精」嗎

　　康康的媽媽將自身的需求投射到孩子身上。她自己曾經相對貧乏，因此她希望孩子能夠有更多的選擇，全然不顧孩子想要的是一隻熟悉的奶瓶。她打著為孩子好的旗號，花了很多錢，最後卻給孩子留下了心理陰影。這是因為她沒有真正關心孩子的需求，沒有與孩子進行情感交流，而一味地用物質來表達愛。在這樣的家庭裡長大的孩子會缺少存在感，在父母的虛榮心面前，孩子成了沒有主見的玩偶。

　　還有一些家庭，由於父母忙於工作，出於補償心理，他們在孩子的消費方面不計成本。從小錦衣玉食的孩子，在和同伴交往時，會表現出自私自利的一面，他們不懂得謙讓，因為他們習慣了最好的都屬於自己。

幼兒期的炫富習慣及心理分析

　　嬰兒期的炫富是由父母主導的，而幼兒期的炫富則加入了幼兒本人的主動性。某女明星對孩子的富養模式很全面，從衣、食、住、行到教育培訓，她都選了最好的，並晒在網路上。她的行為引起了熱議，被媒體平臺轉發和報導。很多人看了新聞之後，感嘆果然用錢砸出來的「未來」是不一樣的！事實真的如此嗎？我們要知道明星有光環效應，會引起大眾的模仿。大眾看到女明星的富養模式，紛紛去查她孩子穿的衣服是什麼品牌、手鍊值多少錢，於是閉著眼睛咬咬牙，給自己家孩

第三節　炫富：平民階層裡養出來的「富二代」

子也買一套。

女明星刻意晒出富養的細節對她們來說更多的是一種商業需求，透過鼓吹自己的成功，帶來人氣，而人氣又能帶給她們經濟利益。普通家庭大可不必加入比較大軍，給孩子穿上不符合他們年齡、氣質和家庭收入的服裝。習慣了名牌的孩子，會看出質感與設計的區別，開始拒絕普通的衣服。在和同伴交往中，也會注意對方的服飾品牌，甚至疏遠衣著普通的小夥伴，交友的標準產生扭曲。人的注意力是有限的，當孩子把注意力集中在了吃穿用度上，自然就很難集中精力讀書、思考和真誠待人。

青少年時期的炫富習慣及心理分析

隨著網路的發展，青少年成為網路炫富的主力軍。炫富的形態各式各樣，如晒品牌服飾、晒高級旅遊景點等。通常來說，他們炫富的內容大部分是外在的物質或社會地位，幾乎沒有自身的才華與成果。

小圓的家庭經濟條件特別好，但是她的父母經常爭吵，家裡總是瀰漫著一股火藥味。父母對小圓的要求很高，但是都不在乎小圓的心裡在想什麼。考試考得好，父母獎勵金錢；考得不好，父母將她大罵一頓之後，又繼續給她錢，讓她自己想買什麼就買什麼。小圓的內心很空虛，心情不好時，她會約同學

第五章　社交習慣篇：你是那個讓人哭笑不得的「戲精」嗎

一起去唱KTV，大聲說：「都一起來吧，我買單！」在同學的追捧附和中，小圓找回一絲存在感。但這種存在感很快就消退了，回到家後，小圓仍然感覺空虛無助，於是她開始想辦法讓父母給她更多的錢。

影響青少年炫富的因素很多，其中離異家庭、留守家庭或高壓環境下長大的青少年更容易養成炫富的習慣。因為他們缺少關愛，內心空虛不安，急需尋找存在感和安全感。迷茫的青少年不知道真正的富足是什麼樣的，因此，炫富既帶給他們短暫的滿足，又加深他們內心深處的空虛。

想要養成不炫耀的好習慣，我們該怎麼做

第一，幫助孩子樹立健康的價值觀。一個人的價值不在於他擁有多少物質財富，而在於他是否有富足的精神世界，是否有愛人愛己的能力。在兒童青少年的人際交往中，物質相對會妨礙友誼的發展。只有從內心出發，看到他人的優點，找到興趣和思想上的共鳴，才能讓友誼的小船一路歡歌。父母和子女之間的關係也是如此，對孩子好，並不意味要給孩子花最多的錢，而是要給孩子更多的陪伴、理解和支持。

第二，幫助孩子養成放眼世界、心懷天下的氣度。物質條件富足的家庭，要帶孩子走出舒適圈，看看國內外貧困地區的孩子——他們過著怎樣的生活？我們是否能做些什麼來協助改

第三節　炫富：平民階層裡養出來的「富二代」

善他們的生活條件？讓兒童青少年肩負胸懷天下的使命，他們很可能就會脫離流於表面形式的物質炫富。使命感會讓孩子產生「我能行」的自信心，自信心會給孩子帶來價值感，而價值感能幫助孩子脫離炫富的低階趣味。

第三，用關愛代替金錢獎勵。很多父母因為不懂得怎麼跟孩子表達愛，不了解孩子的興趣，於是在孩子生日時，直接給孩子金錢，並驕傲地說「隨便花」。聽起來霸氣十足，但是孩子內心反而會很失落。因為他們也渴望有驚喜，渴望有人走進自己的內心世界，了解他們的人生理想。在愛的關注下長大的兒童青少年，也會用同樣的方式去愛他人。他們知道用心地寫一張生日卡片比給對方發一個紅包更能表達自己的情感。

第四，改變家庭教養風格。在家庭教養中，父母越嚴格，孩子的壓力越大，壓力越大也就越需要宣洩口。因此，在高壓環境下長大的孩子，常常充滿自卑感，他們看不到自己的優點，只好透過外在的表現來吸引他人的注意。對孩子要求過高的父母，要反省自己對孩子的期望是否合理。為人父母也需要終身學習，改變家庭教養風格，什麼時候都不嫌晚。

第五章　社交習慣篇：你是那個讓人哭笑不得的「戲精」嗎

第四節　膽怯：
戰勝恐懼的最好辦法就是面對恐懼

在討論膽怯這個話題之前，我們有必要將膽怯與邊界感兩個概念區分清楚。膽怯是指不勇敢、膽子小。對兒童青少年來說，膽怯可能表現為不願意去舞臺上唱歌，或是不敢舉手發言。而邊界感則是指對邊界的認定和重視程度。對兒童青少年來說，邊界感則可能表現為不願意去別的群體玩，不願意請教別人問題，等等。邊界感和膽怯常常會被混淆在一起。有邊界感的孩子可能會表現出不願意跟人分享、不願意主動社交，而膽怯的孩子未必都有邊界感。下面，我們來具體分析膽怯與邊界感在兒童青少年成長的各個年齡階段中都有哪些習慣特點，並探討它們背後的心理原因。

嬰兒期的膽怯與邊界感習慣及心理分析

通常來說，嬰兒經歷自發性微笑、無選擇的社會性微笑和有選擇的社會性微笑3個階段的發展，嬰兒在三、四個月大時會表現出社會性微笑。與微笑相對的是哭泣。嬰兒的哭泣也會經歷3個階段，即自發性的哭泣、應答性的哭泣和主動操控性的哭泣，後兩個階段合稱社會性哭泣。社會性微笑和社會性哭泣都是嬰兒開始與外界交往的開端，微笑或啼哭都是他們吸引

第四節 膽怯：戰勝恐懼的最好辦法就是面對恐懼

大人照料的基本手段。

苗苗在三、四個月大時，見到生人就會著急地往奶奶的懷裡躲。媽媽覺得很奇怪，不是都說三、四個月大的孩子會見人就笑嗎？為什麼苗苗見到生人就躲呢？苗苗的奶奶責怪孩子膽子小，是父母帶少了，說經常由父母帶出來散步的孩子，明顯都會自信很多，膽子也更大。於是，苗苗的媽媽時常帶孩子出門，也頻繁跟其他寶媽一起陪孩子做遊戲，希望能改變苗苗膽小的性格。可是，苗苗在見到生人時仍然會往媽媽的身後躲。直到有一天，苗苗媽媽的朋友陪苗苗玩遊戲時，完全從苗苗的角度出發，帶著苗苗玩了 20 分鐘，當這位朋友走了，苗苗開始到處尋找這位阿姨時，苗苗的媽媽才意識到孩子開始主動地去與外界溝通了。

苗苗顯然是一位邊界感很強的孩子。在她的意識裡，你就是你，我就是我；你玩你的，我玩我的；你有你的大人，我有我的大人；我對我的大人微笑，你對你的大人微笑；我不想對你的大人微笑，因為那不是我家的大人。這個邏輯其實很簡單，只是很多家長迫切地希望孩子變得開放、外向，而忽略了孩子內心深處需要的個人空間。苗苗還沒有準備好接納其他人進入自己的領地，因此對他們不理不睬，甚至被逼急了會大聲哭泣，以此來抗議別人的「入侵」。而當苗苗遇到與自己意氣相投的朋友時，她會將對方當作「自己人」，希望對方不要離開，能跟自己一直玩下去。

第五章　社交習慣篇：你是那個讓人哭笑不得的「戲精」嗎

幼兒期的膽怯與邊界感習慣及心理分析

　　幼兒是邊界感學習的關鍵期。在幼兒期，我們要教會孩子世界上有 3 件事：自己的事情、別人的事情和老天的事情。

　　自己的事情：如穿衣、吃飯、背書包。這些事情要自己做，不能做衣來伸手、飯來張口的「小皇帝」、「小公主」。

　　別人的事情：如小夥伴喜歡看卡通影片，而自己喜歡看書，這時不能要求小夥伴關掉卡通影片，陪自己看書。可以事先約定好，在一起玩耍的時間裡選擇雙方都感興趣的活動內容。

　　老天的事情：有些事情是我們影響不了的，如打雷、下雨，我們就要欣然接受和配合。在下雨天裡，穿雨衣、雨靴；在晴天裡，戴帽子、塗防曬霜。尊重客觀環境，更好地保護自己。

　　除此之外，我們要記住，每個孩子的邊界感是不一樣的。有的孩子樂於分享自己的玩具，配合對方的玩耍習慣。而有的孩子就更加堅持自己的想法，想要對方配合自己的遊戲規則。這些都是沒有對錯的，如果父母一味地鼓勵孩子去分享和妥協，則會侵犯他們的邊界感。隨著幼兒之間遊戲的發展，他們會根據自己的感受調整「邊界」，之前不願意分享的玩具，因為情感的加深和「邊界」的拓寬，而變得願意分享了。之前因為膽怯不敢開口跟小朋友借玩具，現在因為熟悉，社交焦慮解除，而變得可以勇敢地跟小朋友提出交換玩具了。

第四節　膽怯：戰勝恐懼的最好辦法就是面對恐懼

青少年時期的膽怯與邊界感習慣及心理分析

　　前文中我們提到過，青少年有獨立意識、愛面子、自我封閉等幾個顯著的心理特點。這就意味著他們有嚴格的邊界感，以及愛惜面子和不願走出去的心理傾向。與此相衝突的是，在許多家庭裡，孩子的事情就是全家的事情。選擇什麼樣的學校、報名哪些才藝班、參加哪些課外活動，都是父母在升學的指揮棒下帶領孩子「衝鋒陷陣」。因此，本該是青少年獨自完成的學習，成了全家一起努力的事業。當青少年的獨立意識遭到家長沒有界限的干涉，家庭戰爭一觸即發。

　　小楊在學校裡談了一個男朋友，她深知父母不允許她談戀愛，因此她每天都小心翼翼地隱藏著自己的情緒，生怕留下任何蛛絲馬跡。直到男朋友跟她分手了，她覺得很痛苦，不知道該找誰訴說，恍惚中她用小刀割傷了自己的手腕……幸虧父母及時發現，才沒有釀成悲劇。父母心疼地問：「為什麼有心事不能找大人說呢？」小楊歇斯底里地哭喊：「每次我有事情跟你們說的時候，你們總是罵我，說我做得不對，你們從來沒有站在我的角度考慮，沒有在乎過我的感受！」

　　小楊的父母打著愛的旗號，侵犯小楊的邊界感，導致小楊對父母充滿了畏懼。遇到問題時，小楊表現出了膽怯，不敢跟父母說真話，因為經驗告訴她，跟父母說真話之後，得到的是責罵和反對。很多父母在孩子步入青春期後，嚴防死守地想要

195

第五章　社交習慣篇：你是那個讓人哭笑不得的「戲精」嗎

控制孩子的社交，讓孩子服從自己的安排──一心一意學習。他們偷看孩子的聊天紀錄，跟老師和其他同學打聽孩子在學校裡有沒有「情況」，檢視孩子的交友軟體，實則是對孩子的精神綁架和心理控制。哪裡有壓迫，哪裡就有反抗，像小楊這樣暗自挑戰父母獨裁的青少年不在少數。他們有的表現得轟轟烈烈、大張旗鼓，有的則在暗暗地進行，偷偷地感受「自由的愉悅」。

想要養成不膽怯的好習慣，我們該怎麼做

第一，找準情緒宣洩的出口。在現實生活中，我們發現表面膽小的人，背後都會有一些大膽的行為。如新聞裡時常報導出來的殺人案，凶手在現實生活中往往很自卑、很內向。當負面情緒累積到了一個臨界點，壓死駱駝的最後一根稻草出現時，他們就會做出駭人的舉動。這是因為長期以來，他們缺少情緒宣洩的出口，不斷壓抑自己的負面情緒導致人格扭曲。因此，我們非常有必要正確認知負面情緒，並為負面情緒找到宣洩的出口，透過情緒調節來避免因為膽怯而帶來的不良影響。對嬰幼兒來說，可以用他們喜歡的音樂旋律來安撫他們的情緒。而青少年則透過文學或影視作品中的內容，找到自己認同的角色，讓自己感到不孤獨。他們還可以透過音樂、藝術等途徑宣洩內心的憤怒或焦慮。

第二，提升自身素養，尋找志同道合的朋友。社會性支持是兒童青少年邁向勇敢的推動器，包括父母和重要他人的支持。對兒童青少年來說，這裡提及的重要他人就包括他們的同伴、好朋友。因此，志同道合的朋友會給兒童青少年克服膽怯的勇氣，讓他們勇於面對恐懼，因為他們知道身邊的人會支持自己。

第三，追根溯源，揭開心理陰影的傷疤。自己走丟、留守在祖輩身邊或是生病等經歷可能會導致兒童形成膽怯的性格。他們擔心萬一自己做錯事，悲劇又會重演。因此，他們封閉自己，不敢向外邁出半步。對於這種情況，父母要耐心開導，找到癥結所在，還原現場，幫助孩子勇敢面對過去的情景，感受並宣洩出當時的情緒。父母要認真傾聽孩子的心聲，給他們擁抱和支持，讓他們知道過去的經歷已經過去了，是時候該走出陰影了。

第五節 心不在焉：一桌人有說有笑，你卻低頭玩手機

「心不在焉，視而不見、聽而不聞，食而不知其味」出自《禮記・大學》，這句話的意思是指心思不在當下，不關注眼前

第五章　社交習慣篇：你是那個讓人哭笑不得的「戲精」嗎

的事物，即便口中在嚼著食物，卻也體會不到食物的滋味。這些文字恰如其分地描寫了很多人在聚餐場景的表現：一群人圍坐一桌有說有笑，而總有幾個人在低頭玩手機，無視周圍人的談笑風生，也沒有心思品嚐面前的美味佳餚。想要提高社會交往能力，就必須改掉心不在焉的壞習慣。下面，我們從兒童青少年成長的各個年齡階段來分析心不在焉的壞習慣是如何養成的，以及改變心不在焉的壞習慣需要哪些策略。

嬰兒期的心不在焉習慣及心理分析

注意力是嬰兒心理發展的重要內容之一。新生兒的大部分時間都處於睡眠狀態，他們清醒的時間是非常短暫的，一般這時，嬰兒的注意力不超過一兩分鐘。隨著時間的推移，嬰兒維持注意力的時間會逐漸延長，到嬰兒一歲時，注意力一般維持在 5～10 分鐘。3 歲之前的嬰兒維持注意力的時間非常短暫，因此在社交活動中，會表現出玩一會兒就沒興趣了。注意又分為有意注意和無意注意。在玩耍的過程中，如果對方的大人忽然拿出一個新玩具，嬰兒很快被吸引，眼神會盯著玩具，耳朵會去捕捉玩具發出的聲音，這屬於無意注意。而當對方家長收起新玩具、準備離開時，嬰兒會盯著收玩具的手和裝玩具的包看，這屬於有意注意。

為了吸引嬰兒的注意力，很多父母會想盡辦法給嬰兒帶來

第五節　心不在焉：一桌人有說有笑，你卻低頭玩手機

新禮物，這其實是不可取的。因為不斷變換嬰兒眼前的事物，本身就會造成嬰兒的注意力分散。他們還沒來得及仔細觀察身邊的物品，一切又變了樣。新禮物引起嬰兒的注意屬於無意注意，而我們想要嬰兒持久地關注一件事情，需要的則是有意注意。因此，不斷提供新鮮事物，讓嬰兒長期處於無意注意中，就缺少有意注意的訓練，不利於有意注意的發展。父母聚餐時，帶著嬰兒一起出門，如果沒有新玩具，他們就會感到無聊，提不起興趣，甚至哭鬧；而如果一直提供新玩具，雖能夠暫時安撫嬰兒的情緒，卻不利於嬰兒注意力的培養。

幼兒期的心不在焉習慣及心理分析

3～6歲幼兒的注意力維持時間平均在15分鐘左右，最長的注意力集中時間能達到20分鐘左右。當然，如果他們看喜歡的卡通影片，眼睛可能會盯住螢幕長達一個小時，甚至更長的時間。

欣欣平時由奶奶照顧，而奶奶除了照顧欣欣，還有很多家務要做。因此奶奶在做家務時，就會用手機播放欣欣愛看的卡通影片，然後讓她在客廳裡獨自觀看。有時，奶奶忙完洗菜、做飯等一系列家務時，欣欣還盯著螢幕看得入神。有一次，媽媽帶欣欣去參加一場婚宴，在餐桌上，欣欣要求看卡通影片，媽媽鼓勵欣欣去跟同齡的幾位小朋友一起玩。欣欣不樂意，嘟

199

第五章　社交習慣篇：你是那個讓人哭笑不得的「戲精」嗎

著嘴巴說：「快給我看卡通影片，我不想跟他們玩！」媽媽為了息事寧人，無奈地給她看了卡通影片。當大家都熱熱鬧鬧地看著舞臺上的婚禮活動時，欣欣就一直低著頭看卡通影片。

欣欣的心不在焉是由於長期看電子螢幕引起的，卡通影片裡絢麗的色彩和有趣的聲音吸引著孤獨的欣欣。她把卡通影片裡的佩佩豬當成自己的好朋友，而對於身邊的小朋友卻感到陌生。辛苦帶孩子的奶奶自然無可指摘，而為了孩子的未來，在外打拚的父母也不能說存在過錯。欣欣的心不在焉到底該由誰負責呢？這個問題的答案已經毫無意義了。重要的是，如何改變欣欣的狀態，讓她的注意力回到現實生活中，回到當下的情景。這是她的父母和家人的首要任務。

青少年時期的心不在焉習慣及心理分析

很多青少年在人際交往中表現得心不在焉，是因為內心的叛逆。為了給孩子提供人脈資源，很多父母會帶著孩子出席一些商業活動或是大人間的聚會。他們的出發點很簡單，就是希望孩子能夠近距離地接觸優秀的人，學習他們身上的優秀品格。

小禹明年大考，他的媽媽到處打聽今年的大考榜首，終於找到朋友的朋友認識榜首的家長，於是託人牽線，想請榜首一起出來吃個飯，好讓小禹跟榜首取取經。小禹無奈地跟著媽媽去了飯局。一桌子人都在誇讚榜首的聰明、用功、學習方法

第五節　心不在焉：一桌人有說有笑，你卻低頭玩手機

好，都在描繪著榜首的美好未來。小禹的成績一般，自覺在飯局上插不上話，便找了個角落坐下，拿出手機打遊戲了。媽媽多次暗示他要多跟榜首交流，可是小禹全當聽不見。榜首倒是很熱情地跟小禹打招呼，問他想考哪所大學。小禹卻敷衍地回了句「還沒想好」，就不再吭聲了。媽媽對小禹的態度感到很失望，認為自己費盡心思為他爭取的榜首學習經驗分享會，就這樣被他浪費了。

小禹對這場榜首學習經驗分享會不感興趣，是因為在這場聚會中，自己是個配角，像個小丑。在榜首的光環面前，小禹的未來顯得黯淡無光。他恨不得找個地洞鑽進去，幸好他有手機，於是他便將自己埋藏在遊戲裡。心不在焉是小禹自卑心理的保護色，只有穿上這件隱身衣，他才能暫時逃避自卑的痛苦。

想要養成關注當下的好習慣，我們該怎麼做

第一，尊重孩子的邊界感。每個孩子的邊界感不同，父母要透過觀察了解孩子心理的邊界在哪裡。有的孩子可以輕易將玩具跟同伴分享，願意參加同伴的聚會，而有的孩子則不允許別人碰他最心愛的玩具，也不願意參加同伴的聚會，只因為那個聚會上還有很多陌生人。有的父母特別喜歡讓孩子在客人面前展示才藝，如背誦唐詩、唱英文歌。很多孩子都在這時拒絕表演，父母應該尊重孩子的意願，不要破壞他們的邊界感。邊

第五章　社交習慣篇：你是那個讓人哭笑不得的「戲精」嗎

界感被尊重的孩子會獲得自尊和安全感。被強行要求表演的孩子自尊受到傷害，會失去安全感。

第二，找出膽怯的真正原因。當孩子表現出畏畏縮縮的樣子，不肯與人交際時，父母可以先給孩子一個擁抱，讓孩子感覺自己被接納，然後再尋找膽怯背後的心理原因。父母的陪伴會增強孩子的自信心，不能經常陪伴孩子的父母也要透過視訊的方式給孩子直觀的愛。孩子的思想很簡單，正如一首歌的歌詞寫的「愛我，你就抱抱我，愛我，你就誇誇我」，向孩子表達愛的方式很簡單，擁抱和讚揚會讓孩子感受到自己的價值。

第三，做孩子心靈的港灣。有時，孩子還沒有準備好面對一些場景，如講臺上的演講。大人不要一味地把孩子往前推，要接受孩子後退一步，用溫暖的懷抱迎接孩子，做孩子心靈的港灣，永遠的靠山。我們換位思考一下，如果是大人面對同類型的挑戰，例如，也讓家長上臺演講，當真能做得好嗎？給孩子勇氣的最好方式就是接納孩子的現狀，陪伴孩子共同成長。不要盲目地鼓動孩子去做他們暫時還做不到的事情。

第四，科學的注意力訓練。注意力作為智力的重要組成部分，影響著兒童青少年的智商，包括社交智商。因此，對於注意力差的兒童青少年，我們可以透過科學的方法加以訓練。如陪嬰幼兒玩藏玩具、找玩具的遊戲，讓他們尋找感興趣的玩具，而使他們的注意力集中起來。青少年則可以多玩玩數獨、

第五節　心不在焉：一桌人有說有笑，你卻低頭玩手機

單字迷宮等遊戲，可以在鍛鍊邏輯思考的同時提高注意力程度。

第五，減少無效的社交。小禹參加的榜首學習經驗分享會對他來說就屬於無效的社交。事實上，每個人的知識背景不同，目標和方法也不同。一頓飯局下來，小禹不可能從榜首身上學到什麼有效的讀書祕笈。在與榜首的對比下，小禹相形見絀，自然會感到自卑和憤怒。

第六，減少使用電子產品的時間。任何年齡層的兒童青少年都應減少使用電子產品的時間，可以用繪本代替卡通影片，用線下益智遊戲代替電腦遊戲。過度使用電子產品的孩子會出現注意力缺失、思想被限制、缺乏想像力的問題，而且對現實世界的人和物失去興趣，不願參加社交活動。

第七，練習「活在當下」的心理力量。活在當下，即活在此時此刻，將注意力集中在現實生活中的特定活動上。比如，我今天是出來和同學聚餐的，那麼我當下的世界就在這個餐廳，面對身邊熟悉的老同學，我要和他們聊聊近況，要品嚐桌上的美食，要感受聚餐的氛圍，傾聽同伴的對話。

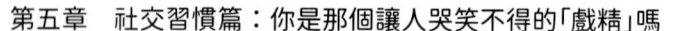

第五章 社交習慣篇：你是那個讓人哭笑不得的「戲精」嗎

第六節 斤斤計較：你會做個禮物紀錄本嗎

現實生活中，我們經常看到一些孩子特別在意自己在人際交往中得到了什麼，付出了什麼，生怕自己吃了虧，要是占了便宜就洋洋得意。同學過生日時，他送了價值 50 元的禮物。等到他過生日時，同學送了價值 60 元的禮物，他就喜笑顏開。如果同學送他價值 45 元的禮物，他就感覺自己吃了虧，覺得同學對不起他。他們通常表現出固執、敏感、嫉妒心強、自我評價過高、玻璃心的性格特徵。在社交中，這類孩子愛占便宜，不受人歡迎，學習成績也一般。因為花了太多時間去算雞毛蒜皮的小筆費用，沒有心思專注於學習。在家庭中，這類孩子經常因為一點點小事就跟家長糾纏不休，甚至耍賴皮。

斤斤計較的人格局小，性格偏執──只盯著一棵樹木，使勁地找這棵樹木的缺點，卻看不見眼前的整片森林。那麼，斤斤計較的社交習慣是如何形成的呢？健康的家庭教育是孩子養成良好性格的開端。下面，我們來具體分析在兒童青少年成長的各個年齡階段中，哪些因素可能導致孩子養成斤斤計較的壞習慣，以及如何矯正這些壞習慣，讓孩子的眼界變寬、格局變大。

第六節　斤斤計較：你會做個禮物紀錄本嗎

嬰兒期的斤斤計較習慣及心理分析

　　嬰兒的行為習慣還處在無意識的模仿階段。因此，大人的行為處世方式對孩子的影響很大。如果父母在人際交往中錙銖必較，那麼孩子也很容易模仿和學習這種處世方式。

　　妙妙的媽媽和奶奶關係很緊張，媽媽經常在妙妙面前數落奶奶的不是，說奶奶摳，沒有給妙妙花錢。等媽媽上班去了，奶奶又在妙妙面前抱怨媽媽，說媽媽自私，還啃老。妙妙還聽不懂媽媽和奶奶的話，但是她能感受到這種微妙的氣氛並不友好。妙妙稍微大一點時，跟媽媽一起出門看見喜歡的玩具，媽媽就跟妙妙說：「下一次跟奶奶出來的時候讓奶奶給你買。」果然，等奶奶帶妙妙出門玩時，妙妙就一個勁地纏著奶奶買玩具。

　　嬰兒的是非觀還沒有建立，他們只是複製大人的語言和行為。妙妙的媽媽為了多占奶奶一點便宜，讓孩子也跟著去占老人的便宜。孩子並不懂這麼做是「占人便宜」，在她看來，只是有個人可以滿足自己的願望，那麼她會記住，下一次繼續找這個人來滿足自己的願望。無形之中，妙妙就養成了占人便宜的習慣。如果哪一天奶奶拒絕給妙妙買東西了，妙妙就會哭鬧，認為奶奶壞，奶奶不愛自己了。在這個過程中，妙妙的行為從心理學角度上來看就是一種條件反射。在她有需求時，媽媽教會了她找奶奶撒嬌要，而奶奶掏錢滿足她的願望則強化了她的

第五章　社交習慣篇：你是那個讓人哭笑不得的「戲精」嗎

行為，以至於後來，她想要什麼，就會去找奶奶。媽媽在這個過程中扮演的是主導者，操控著妙妙的行為，並為此沾沾自喜。

幼兒期的斤斤計較習慣及心理分析

幼兒處於秩序感的敏感期，他們對事情的分析能力很弱，不能靈活變通地處理問題，一味地認定已經接受的道理，以此來維持自己的秩序感。因此，他們經常表現出斤斤計較的習慣特點。比如，別人動了他的東西，沒有放回原處，他會斤斤計較。又或者我們說好的每人 3 顆糖，但是分到他時恰好少了 1 顆，他也不依不饒。

自從兒子上了幼兒園，他在家就經常說：「媽媽，你碰到我了，快跟我道歉！」我很詫異，但也的確碰到他了，就順著他的意思跟他道歉。過了一會兒，他又說：「媽媽，你碰到我頭髮了，快跟我道歉！」我輕聲跟他說：「寶貝，媽媽不是故意的，你可以原諒媽媽嗎？為什麼總是要媽媽道歉呢？」兒子理直氣壯地說：「老師說，不小心碰到別人要說對不起啊！你碰到我了，為什麼不道歉？」原來，兒子是將同伴之間的交際秩序帶到家裡來了。於是我跟他說：「寶貝，在我們家裡，如果媽媽不小心碰到你，或是你不小心碰到媽媽，只要沒有讓對方不舒服，都不需要提出來，好嗎？」兒子似懂非懂，但是經過一段時間的溝通，他已經不再頻繁地讓家人道歉了。

第六節　斤斤計較：你會做個禮物紀錄本嗎

秩序感是幼兒與這個陌生的世界建立的一種獨特的連繫，因為這種連繫，幼兒獲得了安全感。破壞秩序感，會讓幼兒內心感到不安，容易產生焦慮和憤怒的情緒。有些幼兒遇到事情愛發脾氣，顯得斤斤計較，而事實上他鬧情緒是因為前面碰到了不開心的事情，找個機會借題發揮以表達自己的不滿。

青少年時期的斤斤計較習慣及心理分析

在青少年時期，斤斤計較的習慣主要源於嫉妒心理。嫉妒是一種頗為複雜的心理狀態，伴有焦慮、悲傷、猜疑、敵意、怨恨和報復等不愉快的情緒。懷有嫉妒心理的青少年，可能會對自己的外貌、身材、成績、家境、人際關係等感到不滿，並對比自己條件優越的人產生怨恨情緒。在與他人交往的過程中，喜歡比較。如果比對方強，態度就居高臨下；如果對方比他們強，則刻意找碴。總之，在人際交往中，他們總是不快樂的，也不希望他人快樂。

最近，燦燦在班級幹部的評選中落敗了。她一直耿耿於懷，覺得獲選的同學 A 也不比她強，甚至在很多地方還比她差。於是，她在跟同學 A 聊天時，總是話裡帶刺地諷刺對方使用不正當的手段拉票。對於這種子虛烏有的指控，同學 A 自然是不屑理睬的，所以覺得話不投機，轉身離開；這時，燦燦內心更加確信自己的推測：「要不是心裡有鬼，為什麼不當面跟我解釋

第五章　社交習慣篇：你是那個讓人哭笑不得的「戲精」嗎

呢？明明是做賊心虛！」從那以後，燦燦將同學 A 在管理班級時的一言一行都記在本子上，不斷找碴兒挑毛病。

燦燦在遇到挫折時，不能進行正確的自我反思。她沒有認知現實，正視自己落選的原因，可能是活動組織能力比他人差一截，又或者單純就是人緣差，反而無端指責獲選的對手是透過不正當手段當選。面對自己落選的結局，她沒有審視自己的不足，規劃自己的成長，反而將時間和精力放在挑剔他人的言行上。這種行為，不但傷害了同學之間的情誼，也給自己的心理蒙上了一層陰影。

想要養成不計較的好習慣，我們該怎麼做

第一，建設健康家庭，提升孩子的幸福感。幸福的家庭裡，家庭成員以付出為榮，他們主動給予對方關心與愛護，不記付出，以對方的笑容為自己最大的滿足。在青少年時期之前，嬰幼兒的習慣完全是複製家長的行為。只要家長以身作則，在長輩面前做孝順的子女，在孩子面前做豁達的父母，這個家庭就不會養育出斤斤計較的孩子。

第二，面對逆境，提升孩子的復原力。在遭遇困難時，青少年容易怨天尤人，將錯誤歸咎到他人身上，覺得比自己做得好的人都是在跟自己過不去，進而對他們的一言一行都開始斤斤計較起來。父母要培養孩子的心理韌性，讓他們在挫折面

前，能夠快速找準心理定位，重新站起來，讓自己變得更強大。

第三，增加分享時間，發展孩子的溝通力。高品質的親子陪伴是孩子擁有豁達人生的基礎。在陪伴孩子的過程中，父母要尊重孩子的思想，關注他們的思考方式，用愛來包容他們暫時還沒有發展完善的行為習慣，並以榜樣的力量，引導他們向美而行。

第四，換位思考，提升孩子的理解力。從嬰幼兒期的扮演遊戲，到青少年時期的角色扮演對話，父母可以透過多種方法教孩子學會換位思考，理解對方的心理狀態。

第七節 以自我為中心：眾星捧月的滋味別人也喜歡

生活中，我們經常會看到有些兒童青少年不分場合地擺起「小皇帝」的架子，聽不進去別人的話，認為自己說的都是對的，別人必須服從自己的命令。這種以自我為中心的壞習慣既不利於團隊合作，同時也不利於發展自己的人際交往。他們不懂得換位思考，任何事情都只考慮自己是否舒服，即使傷害了別人也無所謂，他們將幸福建立在別人的痛苦之上。

這類人往往堅持利益至上原則，把眼前的利益看得非常重，

第五章　社交習慣篇：你是那個讓人哭笑不得的「戲精」嗎

如果有人否定、反對他們，他們就會用道德綁架的方式，強迫別人犧牲自己的利益。他們缺乏同理心，思考問題時總是以自我為中心，從來不會考慮別人的感受。但是在內心深處，他們又極度缺乏安全感，不信任別人，或多或少都有點被害妄想的感覺。當別人不能滿足他們的要求時，他們會認為是別人故意跟他們作對。在家庭裡常用「一哭、二鬧、三上吊」，在社會上又運用道德綁架，不幫、不依他們的人都成了「壞人」。以自我為中心本是兒童青少年成長路上必經的心理特點，但是如果這種心理特點失去了必要的引導和規範，就會導致孩子成長為自私自利的人。下面，我們來具體分析在兒童青少年成長的各個年齡階段中，以自我為中心的習慣是如何發展變化的。

嬰兒期的以自我為中心習慣及心理分析

　　嬰兒完全依賴大人的照料，他們無意識地以自我為中心。嬰兒只知道自己的需求，尤其是生理需求。如果他們感覺餓了、渴了、睏了、冷了或者哪裡不舒服，就會透過哭鬧來獲得大人的關注，進而滿足自己的需求。他們興奮時，需要大人陪玩。他們不會在乎大人是否睏了、是否需要休息。他們只知道自己此刻有需求，如果大人不滿足他們的需求，他們就會生氣、發脾氣、哭鬧。他們的吃、喝、拉、撒、睡都離不開大人的照顧，他們不斷地索取，不分場合地發飆，完全不能控制自

第七節　以自我為中心：眾星捧月的滋味別人也喜歡

己的情緒和欲望。

　　呦呦的出生改變了全家人的作息習慣。原本一家人有早睡早起的好習慣，自從呦呦出生，她白天不醒、晚上不睡的生理時鐘打亂了一家人的生活節奏。每到凌晨一點半，呦呦的哭聲就像鬧鐘一樣準時響起。全家人都得披起衣服起床，輪流來抱著呦呦，哄她入睡。有時，越搖晃呦呦，她的眼睛睜得就越大。整個夜裡，爸爸媽媽、爺爺奶奶一齊上陣，泡奶粉、換尿布、哄睡。忙到天亮了，呦呦終於滿意地睡了。大人卻還要收拾自己，開啟忙碌的一天。

　　現代育兒學將呦呦這類嬰兒稱為「高需求寶寶」，他們需要家長付出數倍的努力來照料，稍有不周到的地方，他們便會哭鬧不止。在嬰兒期，家長全心全意地照顧高需求寶寶，滿足他們的要求，不會造成嬰兒長大後的性格問題。如果沒有給嬰兒細心的照料，經常讓他們的需求得不到滿足，反而會讓他們產生一系列的心理問題，如對這個世界充滿懷疑，認為別人不會對自己好，自己所擁有的東西都是不穩定的，自己隨時可能會一無所有。

幼兒期的以自我為中心習慣及心理分析

　　當孩子進入幼兒園，就慢慢理解了自己是獨立於父母的個體，是不同於其他人的，也就是說，幼兒期的孩子開始產生了

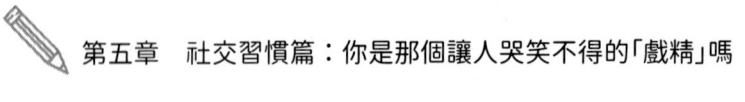

第五章　社交習慣篇：你是那個讓人哭笑不得的「戲精」嗎

自我意識。隨著自我意識的產生，他們開始萌發物權意識，即這個東西是自己的，不給別人玩。但是看到別人的東西，卻也想要，甚至會去搶。因為在他看來──我想要，所以我要拿。這說明他們的物權歸屬意識不太成熟，不理解別人的東西與自己的東西有什麼不同。

呦呦上了幼兒園以後，經常因為爭搶玩具跟同學鬧彆扭。媽媽為了讓呦呦開心，就向幼兒園的老師打聽其他孩子都玩什麼玩具、幼兒園裡有哪些玩具，並給呦呦全部買一份放家裡。她以為，這樣呦呦就不會因為在幼兒園裡沒有搶到玩具而哭鬧了。可惜事與願違，呦呦在幼兒園裡照樣因為搶同學玩具而被老師責罵。呦呦委屈地說：「我就想玩那個布娃娃，她為什麼不給我玩？」老師說：「小朋友們要輪流玩哦！」呦呦不高興了：「可是我就想自己玩，我不想給她玩！」呦呦習慣了好玩的玩具都歸自己，所以不能忍受與別人共享自己喜歡的東西。

呦呦以自我為中心的目的不但是為了滿足自己的需求，而且延伸到不允許別人獲得滿足。這並不是呦呦學會了自私自利，想要傷害別人。她的心理期望是自己獲得快樂，並認為如果別人也擁有了快樂，會導致自己的快樂消失。事實上，別人的快樂與自己的快樂是可以並存的。更多時候，分享會讓彼此都獲得快樂。隨著呦呦自我意識的完善，以及對他人意識的尊重，她會逐漸學會分享。而呦呦的媽媽購買全部的玩具讓呦呦

第七節　以自我為中心：眾星捧月的滋味別人也喜歡

獨享的做法是不可取的，這會加劇孩子以自我為中心、唯我獨尊的心理。在孩子不懂等待和分享時，父母要耐心地引導孩子轉移注意力，以及學習跟同伴友好溝通的技巧。

青少年時期的以自我為中心習慣及心理分析

青少年時期是生理和心理飛速發展的時期，是一個人從幼稚走向成熟的關鍵期。他們半成熟、半幼稚，普遍意識到自己逐漸長大，希望得到大人的認可與尊重；他們強烈要求自立、自尊，自我意識逐步增強；他們始終關注周圍事物的變化，努力適應社會環境。但是他們看問題還不夠成熟，內在的心理傾向還不穩定，想問題容易有片面、偏激的傾向，行為上容易出現固執、狹隘的問題。

近幾年，在大量的新聞事件中，我們不難發現，引發青少年校園犯罪的多是師生、學生之間的小矛盾，如手機被沒收等紀律問題，問題的背後一般都牽扯到家庭教育問題。很多家庭親子關係不健康，父母對孩子沒有正常的教育，不了解孩子的心理，動輒使用家庭暴力，導致孩子對父母產生恐懼，在其他場合受到刺激後引發犯罪。

隨著學業競爭壓力的增大，認知上的偏激與狹隘會導致青少年以自我為中心，認為自己的想法都是對的。他們不接受責罵，對表揚不做辨認分析。與人發生矛盾衝突時，心胸狹隘，

第五章　社交習慣篇：你是那個讓人哭笑不得的「戲精」嗎

不能容納他人，也不理解他人，一心只在乎自己的輸贏。他們容易對小事耿耿於懷，愛鑽牛角尖，睚眥必報。這些行為習慣與家庭的教育、社會環境的薰陶，以及青少年認知程度發展不足有關。

想要養成不以自我為中心的好習慣，我們該怎麼做

　　第一，促進兒童青少年的認知程度發展。認知程度會嚴重影響一個人對事情的分析和看法。父母應該幫助兒童青少年發展認知程度，透過閱讀和溝通交流等方式，累積知識；透過實踐來檢驗知識，形成自己的人生觀、世界觀和價值觀，並理解和尊重他人的人生觀、世界觀和價值觀。

　　第二，重視家庭的教育功能。健康的家庭關係是好性格的發源地，扭曲的家庭關係會滋生自以為是的壞毛病。很多父母雖然是從悲劇式的原生家庭裡走出來的，但往後餘生的幸福是可以自己掌握的。給予孩子愛和寬容，實則是給自己一次新生的機會。有父母的接納與支持，孩子就不容易走向偏激和狹隘。

　　第三，重視交流的力量。很多問題一旦說出來，就不那麼沉重了。很多以自我為中心的孩子，一心只算計著別人對自己如何不好，自己有多難受，非得報復他人不可。這時，如果父母能鼓勵孩子說出心裡話，給予孩子正確的引導，疏通孩子的心理壓力，他們便會減少一分執拗。

第四，幫助營造健康的社會環境。社會輿論、媒體平臺不應該總是深度報導一些負面案例的發生過程，以挖掘人性之惡，而是應該多做一些正面的引導和教育，給兒童青少年樹立榜樣，淨化社會環境。

第五章　社交習慣篇：你是那個讓人哭笑不得的「戲精」嗎

第六章
課外活動習慣篇:
技多也壓身

第六章　課外活動習慣篇：技多也壓身

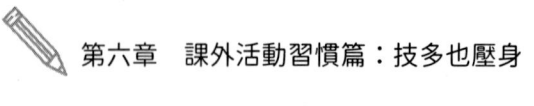

第一節　跟風：報名什麼補習班聽誰的

　　隨著補教培訓行業的發展，五花八門的補習班幾乎可以承包人的終身發展。從胎教班到老年大學都有豐富的課程供我們選擇。在兒童青少年成長的各個年齡階段中，補習班也是重要的角色之一。

　　在不同的年齡階段，兒童青少年和父母在選擇補習班時考慮的因素不同，報名的目的不同，對補習班所報的期望也有很大差異。從數量上看，嬰兒期選擇報名的人最少，幼兒期的居中，青少年時期最多。從報名的類型上來看，嬰兒期的補習班多以親子班為主，幼兒期的補習班多以才藝班為主，而青少年時期的補習班則以學科輔導為主。從主動性來看，嬰幼兒期報名主要是父母和兒童的主動選擇，他們在報名時，認為這些班是可報可不報的。而在青少年時期，父母一般認為這些補習班是必須報的，不報會影響孩子的教育品質甚至人生方向。

　　下面，我們從兒童青少年成長的各個年齡階段來看報名到底是如何影響一個家庭的和諧，以及兒童青少年在補習班中混跡多年都有怎樣的心理變化。

第一節　跟風：報名什麼補習班聽誰的

嬰兒期的跟風報名習慣及心理分析

　　針對嬰兒的早教班一般都主打親子課程，他們主張爸爸媽媽、爺爺奶奶或外公外婆輪流帶著孩子一起學習正確的育嬰知識。從孩子的爬行姿勢到回答孩子問題時面部應有的笑容，早教班裡的祕訣有很多。

　　小金的爸爸工作非常忙碌，奶奶是鄉下人。媽媽覺得自己沒有育嬰經驗，聽同事們說靠奶奶的老辦法帶孩子可能會導致孩子跟不上社會的發展，還是專業的早教機構可靠。於是，她在小金6個月大時就報名了昂貴的早教班，期待用「高大上」的育兒理論，來促進小金智力發育、情商發展。媽媽每週帶著小金去3次早教班，平均每次花費200元。結果發現老師只是教孩子拿玩具，搭積木，和其他孩子一起比賽爬行。在媽媽看來，這些活動毫無技術含量，在家就能完成。因此，小金的媽媽很失望，有種被「割韭菜」的心痛。

　　父母給孩子報補習班時，多數是出於跟風心理，對報名存有不切實際的期望。由於是第一次替孩子報名，父母也缺乏經驗，所以報名後發現補習班的效果跟想像中相差甚遠。但是經過一段時間的學習，他們又發現在早教班裡，可以跟相同或類似條件的家長交流，孩子也可以跟同齡孩子一起玩耍，也有一定的教育功能和社交意義。尤其是孩子在養成準時前往早教班的習慣後，到了熟悉的場地，會表現出興奮的狀態，這讓花錢

219

第六章　課外活動習慣篇：技多也壓身

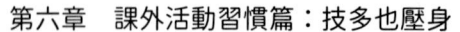

的父母感到物有所值。於是，他們又對早教班有了新的看法，並可能變成早教班的宣傳者。

幼兒期的跟風報名習慣及心理分析

　　幼兒期的補習班多以才藝班為主，報名的原因無外乎是孩子的同學報名了，鄰居家的孩子報名了，同事家的孩子報名了，為了與他們有共同的話題，也為了讓孩子多才多藝，父母再一次打開錢包，幫孩子選報補習班。幼兒期的補習班種類豐富，大多數的父母會跟孩子溝通，參考孩子的興趣和愛好，報名孩子感興趣的補習班。也有一些父母出於功利心，給孩子報名一些所謂實用性強的補習班，例如相比於跳舞，他們認為繪畫更有可能在將來派上用場。

　　小言的父母都在金融機構上班，他們深感工作壓力大，人際關係複雜。因此，他們希望小言將來從事人際關係相對簡單的技術行業。於是他們看準了機器人才藝班，在小言3歲時，就報名了價格不菲的全年機器人才藝班。但小言喜歡唱歌、跳舞，爸爸媽媽認為，唱歌、跳舞不用去補習班學，自己玩玩就行了，而機器人組裝是技術活，必須從小開始接受專業訓練。小言每次去機器人才藝班都會在教室裡搗亂，導致補習班的老師都受不了了，委婉地勸小言家長退課。

　　小言的父母顯然是被機器人才藝班天花亂墜的廣告給誤導

第一節　跟風：報名什麼補習班聽誰的

了，認為不報名就影響了孩子將來在人工智慧領域的發展。其實，3 歲孩子的機器人才藝班，本質上只是搭建積木的指導，一般家庭都能在家完成這些教學。小言的父母偏信專業的補習班能給孩子必要的訓練，卻忽視了孩子自身的興趣和熱情。因此花了冤枉錢，打擊了孩子的學習積極性，還傷害了親子關係。

青少年時期的跟風報名習慣及心理分析

青少年正處於中小學階段，課業壓力大，升學競爭激烈。雖然補習班類型多樣化，但是青少年報的補習班以學科輔導為主。在報名這件事情上，父母總是在「衝鋒陷陣」，四處打聽，綜合評估，最後不惜花重金為孩子報名，期望補習班能幫助孩子敲開名校的大門。而多數青少年並不認可這種行為，他們只是在父母的要求下，被動地參加課外補習，很多時候並沒有多大的作用。

在我生活的城市，某一所明星高中的高一菁英班共招生 40 人。菁英班錄取名單剛公布，當地的一家補教機構就立刻晒出了自己的學員名單，40 人中有 12 人去過該機構補習。當然，其他 28 名同學的名字也陸續出現在各大補教機構的招生廣告中。這不禁讓人懷疑，難道學霸都是依靠補習班訓練出來的嗎？不經過補習班的「提升」，就真的與名校無緣了嗎？

近期，還有一些熱門的英語補教機構開始採取飢餓行銷的

第六章　課外活動習慣篇：技多也壓身

模式，報名的名額需要家長線上搶。這猶如給家長打了一針興奮劑，腦袋就像充血了一般，早早地抱著手機準備搶號。

因為有少數學霸在補課，並且他們的補課成效有目共睹，很多家長便將補課與成績好畫上了等號。可是他們忽略了一個事實，那就是很多青少年一直在補課，成績卻一直不好。這也可謂是一葉障目吧！父母不採納青少年的意見，跟風報名，是因為他們有著為孩子引導人生航向的責任感，他們不放心將關乎孩子人生大事的決定交給不成熟的孩子。

想要養成不跟風報名的好習慣，我們該怎麼做

第一，報名要尊重孩子的興趣愛好。三百六十行，行行出狀元，沒有家長能在一開始就給孩子機會去發展「十八般武藝」，孩子也沒有機會發展其他方面的技能，只能走一條傳統的老路，這個結果又反證了父母之前的觀點。如果父母肯讓有繪畫天賦的孩子走藝術路線，讓有運動天賦的孩子馳騁操場，孩子們也許就不必在補習班裡發呆鬱悶了。

第二，能不報名時盡量不報名，把時間交給孩子自己管理。忙碌的學業，再加上排得滿滿的補習班，孩子幾乎沒有時間喘氣，更談不上思考與創新了。在這些機械式的忙碌過程中，孩子失去的不僅是時間的自由，更是思想的自由。尤其是青少年時期，這種「唯分數論」的補習策略，會讓青少年的價值

第二節　證書：證書到底有多少價值

取向產生扭曲，眼裡只剩分數。把時間交給孩子，教會孩子管理時間，分配足夠的時間給孩子閱讀名著、討論時下社會熱門議題、去自然界探索世界，孩子的心不累了、大腦不僵化了、思考靈活了，成績反而會上來。

　　第三，堅持讓孩子上熱愛的補習班。很多兒童在幼兒園和小學時期培養了興趣愛好，並參加了一定的專業訓練，取得了不錯的成績。可是到了中學階段之後，因一切以學業為重，父母便強制孩子停止這些業餘愛好。這對孩子的打擊是很大的，刻苦練習的琴藝或者已漸入佳境的繪畫，說放棄就要放棄，會讓孩子認為自己熱愛的東西並不重要。有些父母還會打擊孩子的夢想，強調成績才是王道。從孩子身心健康發展的角度來看，父母可以跟孩子商量，讓孩子選擇自己最愛的一門興趣堅持下去。

第二節　證書：
證書到底有多少價值

　　熱衷收集證書無疑是一種新趨勢。每年春季，各種升學大戰的硝煙味就四處瀰漫開來，很多中小學，甚至幼兒園都打著素養教育的旗號，要求學生報名時提交能展現孩子成長過程的

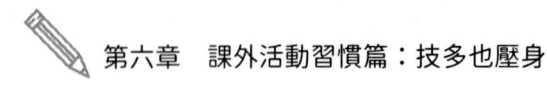

第六章　課外活動習慣篇：技多也壓身

科技創新、社會實踐、學業程度相關資料，以及凸顯孩子在藝術、體育等方面能力的證明資料。很多家長在兒童青少年成長的過程中，讓孩子參加各式各樣的證書考照活動，期望在孩子求學時能作為各項能力的證明，提高競爭力。為了讓家長在考證路上少走彎路、少被「割韭菜」，本節將具體分析兒童青少年參加的五花八門證書考試，是否真的能展現孩子的能力程度，以及在考試過程中，孩子的心理都經歷了什麼樣的變化。

普遍受到家長歡迎的證書包括英語等級考試、體育運動類證書、琴類等級證書、繪畫等級證書、機器人比賽證書等。在五花八門的考證市場上，有報名交錢即可得到的證書，也有花錢花時間仍然考不到的證書。在考證路上，參加考試的是兒童青少年，經受考驗的卻是他們的父母家長。下面，我們將具體分析兒童青少年成長路上的考證心路歷程。

嬰兒期的考證習慣及心理分析

嬰兒出生後，需要各方面的照顧，社會上便開始流行針對嬰兒照料者的各種證書考試，如育嬰師、兒童營養師等。這些考證機構鼓吹了嬰幼兒生理及心理發展的需求，誇大了標準化流程的作用。

嬰兒真正需要的是快樂的互動、情感的交流和身體的愛撫。剛剛從母親身體裡出來的嬰兒，還不習慣獨立生活，他們內心

第二節　證書：證書到底有多少價值

仍然渴望跟母親相連在一起。那些持證就業的育嬰師也好，嬰兒洗澡師也好，他們學的那一套操作流程，也不一定適合所有的孩子。尤其是新生兒，他們的需求具有個別化、不穩定的特點，有時，甚至是需要親子之間的共鳴和心靈感應才能達到理想的育兒效果。

在嬰兒期，父母充分認識新生命，有利於將來與孩子共同探索興趣、鍛鍊思想、完善人格。將孩子生命之初的養育重任託付給所謂的持證專家，只會讓父母錯失熟悉孩子的首要機會，也將無緣成為孩子的心靈港灣。

幼兒期的考證習慣及心理分析

前面我們提到的證書雖與嬰兒息息相關，但並非是指嬰兒參加考試。事實上，幼兒才是考證大軍中的基礎群體。繪畫、體操、鋼琴、小提琴、踢球等培訓或考級機構等都倡導從幼兒期開始學習技能、準備考證。於是很多家長在給孩子報名之前就弄清楚了考試的流程及要求，將孩子送到活動中心，目的就是取得相關的證書。他們不關心孩子是否真的喜愛這項運動，在這項運動中是否獲得了快樂和成長，他們關心的是什麼時候能夠考證、什麼時候能夠「升等」。

瘋狂收集證書的家長又可以分為兩類。一類家長是為了收集證書而考證，證書對他們而言，僅僅是用來炫耀的。他們傾向於

第六章　課外活動習慣篇：技多也壓身

選擇容易獲得證書的活動，避開難度大的考試。「我家小孩第一次參加繪畫考證，通過啦！」一篇發文便是這場活動的終點。另一類家長則「深謀遠慮」，根據自己給孩子的長期發展規劃，有選擇地參加考證，並有明確的考試目標和精細的考證計劃。

隨著國際交流的加深，近幾年已經掀起了一股全民寶寶學英語的潮流。媽媽們不辭勞苦地當孩子的外語陪練，希望養出「雙語寶寶」，甚至「原版寶寶」（即讀英文原版書籍長大的寶寶）。曾經有一名幼兒因為出示了自己閱讀過的 5,000 本英文原版書單而走紅網路。這樣的幼兒不是個例。然而，這些幼兒讀萬卷書的效果如何呢？一張證書真的能代表幼兒的人文素養嗎？對此，我持懷疑的態度。

青少年時期的考證習慣及心理分析

幼兒期的考證動力主要來自父母的一腔熱血和美好期望，考證的目標是否達成，短時間內還難以驗證，因此，父母在陪孩子考證時，心情是愉悅的。而青少年時期的考證則經常弄得家裡雞飛狗跳。在繁忙的學業壓力下，枯燥的練習已經導致青少年對繪畫、鋼琴、科技創新等興趣的熱情減退了，考證任務成了懸在他們頭上的一把利劍，一不小心就弄得渾身是傷。

曉晨的父母深知中學生壓力大，因此要求他必須在升入初中之前考完鋼琴十級。已經學琴 10 年的曉晨，將絕大部分的課

第二節　證書：證書到底有多少價值

餘時間都放在了練習彈鋼琴上，他的內心對鋼琴已經產生了牴觸心理。因為練琴而導致親子關係緊張，讓孩子提早進入叛逆期，為了減少練琴時間，故意將作業寫錯，或是磨磨蹭蹭，不按時完成作業；因為練琴，孩子的課外閱讀減少，戶外活動基本取消，和同學也幾乎不交往；因為練琴，父母花費了大量金錢、時間和精力。

他們忘記了演奏音樂原是為了陶冶情操，給人帶來快樂的。

青少年在學業和考證的雙重壓力下越來越焦慮。如果父母再火上澆油地對孩子進行打罵諷刺，則可能會導致青少年產生憂鬱。

想要養成不沉迷於證書的好習慣，我們該怎麼做

第一，保持清醒的頭腦，不跟風考證。

抱著「人家考，我也考」這種想法的父母要保持清醒的頭腦，避免因為跟風而將孩子拉入「考證大軍」。沒有清晰的目標、沒有理性的規劃就盲目地開始練習，會導致孩子對所從事的活動失去興趣，並且會打擊他們的好奇心──他們擔心下一次對什麼事物表現出好奇心，父母就會讓他們去考證，進而減少他們的玩耍時間、限制他們的自由。父母呵護孩子的好奇心，孩子才會渴望了解世界，渴望發展自己的能力去探索和改變世界。

第六章　課外活動習慣篇：技多也壓身

　　第二，升學途徑多樣化，不要選孩子最討厭的那條路。

　　家長要多做研究，發展孩子多方面的興趣。一般來說，學校希望看到學生的能力和經驗，能展示這些才能的形式有很多，如志工經歷、針對一個問題的深入研究報告、旅行時拍攝的照片、長期寫作的部落格等。

　　第三，放下功利心，不關注結果，學會欣賞過程。

　　興趣愛好可以充實孩子的精神世界。父母對孩子應該不逼不罵，如果孩子真的對所學內容感興趣，不妨讓他們將考證當作一種學習手段，透過規範的指導、有效的練習和系統的考核來落實自己的基礎。

　　第四，給孩子自由呼吸的時間。

　　父母要為孩子創造一個令人愉悅的學習環境。孩子在一個寬鬆愉悅的環境中可以保持精神方面的自由，並逐步養成主動學習的好習慣。用鼓勵和肯定代替打壓和責罵，能使孩子對自己所從事的活動保持熱愛。

　　第五，將決定權交給孩子。

　　孩子是學習的主體，他們有權決定將來是否成為鋼琴家、畫家，或者是否想終身擁有某項技能。尤其是在青少年時期，當學業和興趣愛好相衝突時，應由孩子決定是暫時放棄，還是全力以赴衝刺考證。

第三節 學習總比玩耍好：技多不壓身

在補習班的問題上，很多家長普遍持有一種觀點，那就是學點什麼總比單純地玩耍強，技多不壓身，將來總能派上用場。於是，家長本著給孩子更多選擇、更多體驗的初衷，將孩子的課餘時間排滿補習班，生怕孩子在玩耍中虛度光陰。沉重的擔子壓在兒童青少年的肩頭，讓他們看不到希望，只感覺到令人窒息的疲憊和恐懼。有些「望子成龍、望女成鳳」的家長甚至喊出：「我寧願你現在恨我，也不能讓你出去玩！以後你會知道我是為你好！」

報名補習班真的比玩耍好嗎？我認為持這種觀點的家長，首先是對自己不自信；其次是對孩子缺少信心。他們不相信透過自己日常的教育引導，能培養主動學習、積極向上的孩子。他們更不相信，孩子在自由時間裡能做對自己的發展有益的事情。因此，他們寧願花錢、花時間將孩子送進補習班，指望有老師看著孩子學習，給孩子嚴格的要求，透過打卡考核、監督孩子的時間利用率。他們絕不允許孩子有一天或半天的休息時間，一旦看到孩子閒著無聊，他們就著急生氣。

事實上，占據玩耍的時間去上補習班會導致兒童青少年缺乏休息。缺乏休息的兒童青少年會產生疲勞感，而疲勞會導致

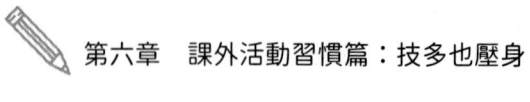

第六章　課外活動習慣篇：技多也壓身

他們喪失對學習的熱情，並且疲勞會影響兒童青少年的身體發育，可能導致他們記憶力、注意力和理解能力全面下降，甚至引發各種疾病。下面，我們將具體分析兒童青少年在成長的各個年齡階段中玩耍與學習對他們身心發展的影響。

嬰兒期的玩耍與學習習慣及心理分析

嬰兒期的玩耍與學習通常是混在一起、分不清的。但是如果你用心去觀察，每個家庭給嬰兒安排的學習與玩耍的時間是不一樣的。嬰兒期的學習除了早教班，還有家裡大人安排的各種「教學」，如教孩子說話、教孩子聽音樂、教孩子爬行等。他們想盡一切辦法逗孩子，生怕「冷落」了孩子，或是練習不夠，導致孩子說話遲緩。

六六的奶奶帶孩子特別認真負責，她一心想將孩子培養成學霸。從六六出生開始，奶奶就給六六每天安排兩節課。上午專注於身體鍛鍊，如滿月後就開始練習抬頭，4個月就開始練習爬行。下午主要是學習認識色彩，辨識聲音。為了完成課程，奶奶在六六煩躁哭鬧時，會是給六六喝點奶粉，安撫一下，然後繼續。雖然基本上是單向教學，六六幾乎沒有回應，但奶奶一直堅持這項教學。因為她認為孩子呆呆地躺在懷裡東張西望，一臉茫然地混過一天是在浪費大好的教育時機。只有積極地給孩子灌輸資訊，孩子才能加速成長。

第三節　學習總比玩耍好：技多不壓身

嬰兒的經歷猶如一張白紙，六六奶奶的做法猶如自己拿起一支筆在孩子的腦海裡作畫。不論畫得如何，都不是六六自己的作品。家長過早地給孩子設定了思考的框架，會阻礙孩子創造力的發展。靜靜地看著孩子的眨眼、微笑、流口水並非是浪費時間，而是建立親子感情連結的開始。因為上課而將照料的細節都快速略過，反而會損傷孩子與家人之間的情感交流，導致孩子缺乏家庭歸屬感、缺乏安全感。

幼兒期的玩耍與學習習慣及心理分析

幼兒的補習班壓力普遍來自「不能輸在起跑點上」的口號。補習班的宗旨在於提前學、超前學，因此，幼兒就得被動的接受自己還不能理解的知識。儘管很多補習班也採用趣味的教學法，但是對內容的不理解會導致幼兒在課堂上感到焦慮。

遊戲是幼兒期的主要活動。剝奪遊戲時間，進行補習班學習，會導致幼兒更加渴望玩遊戲、渴望去教室外面的世界。沒有喘息機會的幼兒，大腦很快就會僵化了。他們從被動聽課變成了被動遊戲，任憑老師或其他人主導自己的學習和遊戲。

嶽嶽從小就跟著名師學畫畫，老師說嶽嶽很有天賦，他對嶽嶽提出了高標準的練習要求。嶽嶽的一筆一畫都有嚴格的規範，一筆畫錯，老師便嚴厲責罵。嶽嶽也養成了凡事嚴格遵守規則的習慣。他的腦海裡沒有出格的想像，描繪的畫面都是規

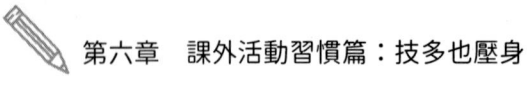

第六章　課外活動習慣篇：技多也壓身

範的畫本。漸漸地，嶽嶽成了複製專家。他能將大師的作品原原本本地臨摹下來，卻沒有自己的想法和創新。

長期「混跡」於補習班，可能會提前禁錮了孩子的思考。就拿畫畫來說，小時候繪畫，不受約束的孩子，等長大一些之後再進行專業的學習，才有可能保有童真與想像力。讓幼兒盡情地玩耍，才是最好的安排。

青少年時期的玩耍與學習習慣及心理分析

在學校裡，我們經常看到小學階段排滿補習班的青少年，到了中學階段，成績會明顯下滑。他們做作業時拖拉、磨蹭，在遇到問題時缺乏創造力，對電子產品上癮。原因其實很簡單，他們的時間被家長安排得明明白白，他們既沒有自主管理時間的意識，也沒有自由選擇活動的權利。於是，他們能做的事情無非是拖延學習的時間，偷偷增加玩遊戲的時間。他們習慣了密集的活動，害怕生活無聊。因此，他們會在感到無聊時，尋找網路資訊或以玩遊戲來填滿自己空虛的內心。他們缺少創造力，也不認為自己需要創造力。因為從小到大，他們所擁有的一切都是被父母安排好的。

他們對學習效率低下的狀態無動於衷，因為提高學習效率只會讓家長安排更多的學習任務，對他們來說並沒有什麼好處。

小鵬從小就是各種補習班的「大滿貫」。一週 7 天的課餘時

第三節　學習總比玩耍好：技多不壓身

間都在各式各樣的補習班中穿梭。考試前，小鵬想複習備考。媽媽說：「你一個人複習效率太低了，我給你報了『考試專家』的考前衝刺班，你去那兒複習效果肯定好。」小鵬知道自己說再多，也抵不過媽媽的一句「我是為你好」。但是進到了考前衝刺班，他卻覺得大腦一片空白，身心疲憊，不知不覺竟然在課堂上睡著了。得知小鵬睡著的事情，媽媽心情悲憤，而小鵬只是如釋重負地說了句：「我全年都補這麼多課，不差這一節兩節。」

青少年正處在內心迷茫、心裡矛盾的階段，他們渴望有時間去探索自己的內心世界，可是繁忙的補習班讓他們沒有時間去傾聽自己內心的聲音。他們感到焦慮、煩躁，想掙脫現狀，想爭取自由。多次抗爭失敗後，他們只好接受現實，向命運低頭，同時在腦海裡埋下了悲觀的種子。青少年憂鬱症的發生率居高不下，自殺事件頻傳，都與令人窒息的學習和生活節奏分不開。

給青少年留一些空白的時間、自由的空間，讓他們緊張的大腦有時間放鬆，讓他們感受到輕鬆和愉快，才是真正的愛與支持。生活中，青少年多一些「無聊」的時光，便多一些獨立思考的契機。

想要養成合理玩耍與學習的好習慣，我們該怎麼做

第一，與孩子一起制定時間計劃表，將玩耍和學習的比例合理化。

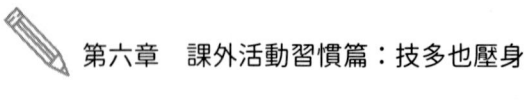

第六章　課外活動習慣篇：技多也壓身

　　學習和玩耍都是孩子自己的事情。在幼兒期，因為孩子的認知程度有限，父母會主導安排孩子的學習和玩耍。到了青少年時期，父母可以給予建議和大方向的指導，但是時間管理的方案應該由孩子自己來做。父母可以和孩子溝通，約定在該學習的時間專注學習任務，不玩手機、不開小差，到了休息時間，孩子想玩耍、想發呆都由他們自己決定，但不能強制規定孩子一天學多少小時、玩多少小時。

　　第二，實行激勵措施。如果學習的效率提高，可追加玩的時間。

　　和孩子一起制定時間計劃表後，還要約定相對的激勵方案。比如，孩子一週內都按照計畫完成了學習，就可以給孩子一些獎勵。獎勵的方案要和孩子商議好。獎品可以是實物，也可以是虛擬的，比如，週末和孩子一起去踏青，或是給孩子買心儀很久的玩具。在這裡，我想強調的是，父母一定要遵守約定，不能因為自己的各種「情有可原」的理由而失信於孩子。如果你這麼做，孩子很快就會有樣學樣。

　　第三，給予孩子獨立思考的空間。

　　補習班，尤其是升學有關的補習班應該是孩子最後的選擇。父母要給予孩子時間去實踐，讓他們獨立思考。不論是科目上的難題，還是重大事情的抉擇，要給孩子充分的自主權，這樣孩子才能養成凡事靠自己的習慣。

第三節　學習總比玩耍好：技多不壓身

第四，支持孩子享受「無聊」的時光。

有些家長即使給予孩子玩耍的時間，還是一定要干涉孩子怎麼玩，美其名曰「要玩得有意義」。其實他們忽略了「無聊」的價值。美國心理學家對「無聊」做過調查，結果顯示有無聊時光的人更具有創造力。道理很簡單，人在無聊時，特別想改變現狀，想尋找一些刺激和突破，而他們的大腦放鬆自在，很容易運用到腦中儲存的資訊，並與自己的想像力相結合，進而獲得靈感與創新思想。

第五，發展兒童青少年情感社交的能力。

很多父母給孩子報名補習班，並嚴格控制孩子的玩耍時間，主要還是因為擔心孩子以後的升學與就業，希望孩子練就「十八般武藝」，不被競爭激烈的社會所淘汰。隨著人工智慧科技的高速發展，很多工作職位將會被機器人代替。但凡是與人情感交流有關的行業仍是人類的主場。所以，父母要重視發展兒童青少年情感社交的能力，做一個有血有肉、有思想、有個性的社會人。

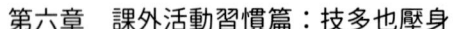

第六章　課外活動習慣篇：技多也壓身

第四節　網路課程時間：打遊戲還是睡覺

　　隨著網路的發達，網路課程越來越流行。隨著網路課程政策的推出，教育部門又陸續發表很多規範和建議，試圖保障兒童青少年的視力。兒童青少年近視的發生率越來越高，這與他們從小就接觸電子產品，如平板電腦、電視機、手機等有關。一邊是不得不上網學習，另一邊是視力健康不容忽視，我們該如何平衡網路課程學習與身心健康呢？

　　其實網路課程引發的問題遠遠不止影響視力。在網路上課時間打遊戲、睡覺、網路直播給紅包等問題也越來越頻繁地進入大眾的視線。網路課程的學習效果是否能達到實體授課的水準取決於很多因素，包括網路設備及連線狀況、授課老師的線上授課能力、孩子上網路課程時的環境，以及上網路課程的習慣等。下面，我們將具體分析兒童青少年成長的各個年齡階段網路學習的習慣特點，並分析其背後的心理變化。

嬰兒期的網路上課習慣及心理分析

　　嬰兒在 1～3 歲是視覺發育的關鍵期，我們要幫助嬰兒養成良好的用眼習慣，不讓他們接觸太多的視訊或是電子產品。而現實生活中，很多家長在帶孩子時，為了減少孩子哭鬧，就

第四節　網路課程時間：打遊戲還是睡覺

會給他們手機或平板電腦，讓他們去玩遊戲或看卡通影片。孩子在絢麗的色彩刺激下，漸漸地愛上了電子螢幕。接著，家長又瞄上了網路課程，很多寓教於樂的早教課程非常受家長歡迎。

嬰兒在上網路課程的過程中，滿足了感官的刺激，鍛鍊了大腦的反應速度，這是網路課程的收穫。但同時嬰兒的眼神開始空洞起來，他們拿起手機就不願意再放下，視力也出現下降、眼睛出現散光等問題。

幼兒期的網路上課習慣及心理分析

很多幼兒的家長為孩子選擇線上課程，是為了圖方便，節省接送孩子的時間。同時網路課程的費用比實體課程低一些，有些家長是抱著「反正很便宜，試試看也不吃虧」的心理而給孩子選擇了網路課程。補習班的網路課程跟學校的網路課程不同，學校的網路課程一般還是自己熟悉的老師，師資水準是有保障的。而五花八門的補習班網路課程，我們不知道師資的真實水準，廣告上說的名師，很有可能只是一個毫無專業背景的「小白」，經過簡單的培訓包裝就來上課了。另外，老師的親和力、教學方式、邏輯思考等都會影響孩子的網路課程效果和網路課程上課習慣。

線上外教的英語課現在非常火爆，所以各行各業都嘗試轉型來做線上教學了。鑫鑫的父母都在外商上班，為了讓孩子早

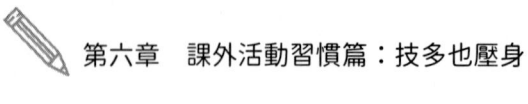

第六章　課外活動習慣篇：技多也壓身

點接觸英語，就給孩子報了外教英語課。他們事先也做了很多調查，在試聽了很多課程之後，感覺某品牌的外教英語線上課不錯，就給孩子買了全年的課程。可是鑫鑫上了兩個月之後，爸爸媽媽發現他開始說髒話了，平時吃東西也不講衛生，更是有事沒事就躺在沙發上玩平板電腦。鑫鑫說：「我們外教說要按自己最舒服的方式說話、吃東西、睡覺啊！」鑫鑫的表現讓父母很失望，他們猜到應該是外教的素養不佳，於是他們去查外教的條件和履歷，這才發現與網路平臺上介紹的根本不是一回事。

幼兒對電腦螢幕另一端的老師是充滿好奇的，他們會模仿雲端老師的言行，如果父母不加以監管，就可能會導致像鑫鑫這樣，養成說髒話、懶散的習慣。

青少年時期的網路上課習慣及心理分析

青少年在網路課程期間開小差、玩遊戲、睡覺等問題已經引起了社會的關注。

阿飛從今年年初開始，不僅在上學校的網路課程，父母還替他報了課外輔導的網路課程。每天從早到晚都對著電腦上課，阿飛覺得自己的大腦已經糊成了一團糨糊。每天早上起來上課時，阿飛開啟電腦登入網路課程平臺，然後自己就趴在桌子上睡覺。什麼課前準備、課上提問和課後複習是不存在的，因為課前他還有其他的課，課後也基本上沒空閒時間。唯一的

第四節　網路課程時間：打遊戲還是睡覺

空閒時間是晚上，父母下班回來了，會盯著他寫作業。這時他不得不裝裝樣子，拿出書本，藉著網路課程的理由同時開啟電腦。等父母離開書房他就開始打遊戲，聽到門外有動靜，他就立刻將電腦螢幕切換回學習的介面。

是阿飛不懂事嗎？也不盡然。每天對著電腦螢幕上課，青少年的眼睛會疲勞，因為被禁錮在電腦前，不能像在教室一樣自由活動，青少年的頸椎神經會麻痺。青少年頸椎不舒服，自然想趴下來緩解一下不適感，而長期的疲憊會導致他昏昏入睡。一天的網路課程之後，晚上想要放鬆一下大腦，就與自己的同齡人在遊戲中溝通交流，所以，阿飛晚上偷偷打遊戲。而打完遊戲後，阿飛的眼睛更痛，頭也緊繃得更厲害。

想要養成好的網路上課習慣，我們該怎麼做

第一，正視網路課程帶來的負面情緒。

網路課程導致的作業量增加、授課模式不習慣、缺乏互動等問題都給兒童青少年帶來了煩惱。網路不流暢會引發煩躁情緒，交流不順暢會產生苦悶與沮喪，網路課程效果不佳會導致恐懼不安和緊張焦慮。當孩子產生了這些負面情緒，父母不應也不能迴避問題。

父母可以指導孩子用一些技巧去釋放這些情緒，比如，把情緒感受寫下來，或者以藝術形式表達出來等。如果負面情

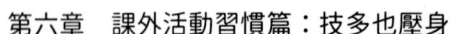

第六章　課外活動習慣篇：技多也壓身

緒問題很嚴重，自我調節作用有限，則需要求助專業的心理諮商師。

第二，保持密切且開放的溝通，關注身心健康。

在虛擬教室上課，不能像在實體教室裡一樣，有問題可以隨時跟老師和同學交流。網路課程中，為了保證課堂秩序，學生客戶端一般都是禁言的。學生有了想法、感受和困難也無處表達，容易累積負面情緒，產生心理壓力。如對老師布置的作業有不理解的地方在網路上說出來，會容易讓老師誤解是拒絕作業，而不能像在真實課堂上一樣透過眼神和肢體動作就能綜合判斷對方的真實意圖。這時，父母要鼓勵孩子將遇到的問題說出來，並採取多種途徑跟老師加強交流、增進理解、消除誤會。

家長與兒童青少年保持密切的、開放的溝通交流，才能關注和辨識兒童青少年的身心健康問題，並為孩子提供心理建設和支持。父母要多關心孩子的情緒狀態，多問問「有沒有困難，有沒有需要幫助的地方」，讓孩子感受到父母的信任和支持，不會因為負面情緒而煩惱。

第三，科學地管理學習和運動的時間，提高專注力。

像阿飛那樣眼睛痛和感到頭腦緊繃，就是身體發出休息和調整作息的訊號。本來上網路課程就容易用眼過度，因此，更需要定時休息，離開電腦螢幕。兒童青少年在身體不適時，

第四節　網路課程時間：打遊戲還是睡覺

如果不及時休息調整，會加重負面情緒。應該加強體育鍛鍊，透過運動緩解身體和思想的壓力，轉移注意力，讓大腦得到放鬆。這會讓兒童青少年迅速調整心理狀態，滿血復活。

兒童青少年每天能夠使用的注意力和專注度都是有限制的，如果兒童青少年沒有限制一定的學習時間，在家進行超長時間的學習，則是對於自身注意力和專注的過度消耗，效果未必最佳，甚至會影響學習。設定合適的學習時間，讓大腦在適量的時間裡學習和發揮作用，並且得到合理的休息，才能讓兒童青少年的身心都保持健康。

第四，給予孩子愉快的體驗。

人性是「追求快樂，逃避痛苦」的，如果學習越來越痛苦，心裡就越來越抗拒和逃避。因此，追求快樂是保持學習動力的前提。兒童青少年不能因為網路學習而放棄自己內心的愛好和追求，比如，去唱唱歌、打打球，和朋友們約著一起玩耍，這樣與學習就形成了一鬆一弛的關係，能保持心理的平衡。父母在督促孩子學習的同時，也要尊重孩子的認同感和需求，幫助孩子提高自我管理的能力，幫助他們建立學習上和生活上的責任感，這樣不論是網路課，還是實體課，他們都不會去逃避學習了。

國家圖書館出版品預行編目資料

從壞習慣到好未來，讓孩子蛻變的 39 個心理學教養法：4 大關鍵 ×6 大領域 ×39 種難題，家長必修的習慣矯正方案，用心理學打造孩子的卓越未來 / 李進林 著 . -- 第一版 . -- 臺北市：崧燁文化事業有限公司 , 2024.09
面 ； 公分
POD 版
ISBN 978-626-394-803-7(平裝)
1.CST: 子女教育 2.CST: 親職教育
528.2　　　113012838

電子書購買

爽讀 APP

臉書

從壞習慣到好未來，讓孩子蛻變的 39 個心理學教養法：4 大關鍵 ×6 大領域 ×39 種難題，家長必修的習慣矯正方案，用心理學打造孩子的卓越未來

作　　者：李進林
責任編輯：高惠娟
發　行　人：黃振庭
出　版　者：崧燁文化事業有限公司
發　行　者：崧燁文化事業有限公司
E - m a i l：sonbookservice@gmail.com
粉　絲　頁：https://www.facebook.com/sonbookss/
網　　址：https://sonbook.net/

地　　址：台北市中正區重慶南路一段 61 號 8 樓
8F., No.61, Sec. 1, Chongqing S. Rd., Zhongzheng Dist., Taipei City 100, Taiwan
電　　話：(02) 2370-3310　　傳　　真：(02) 2388-1990
印　　刷：京峯數位服務有限公司
律師顧問：廣華律師事務所 張珮琦律師

-版權聲明-

本書版權為樂律文化所有授權崧燁文化事業有限公司獨家發行電子書及紙本書。若有其他相關權利及授權需求請與本公司聯繫。
未經書面許可，不得複製、發行。

定　　價：350 元
發行日期：2024 年 09 月第一版
◎本書以 POD 印製
Design Assets from Freepik.com